Palabras del autor

Escribí porque me nació del alma ver reflejado en letras, todo el amor que en mi alma se anida, por la mujer, que le dio sentido a mi vida.

Escribí para honrar la memoria de mi madre, que sembró en mí el amor a la poesía, y el legado de mi padre, que me mostró con su ejemplo que la vida es maestra, y amiga del destino de cada hombre.

Escribí para que a mis hijas, a quienes adoro con todo mi corazón, nunca les falte mi amor grabado en letras.

Escribí para ti, que en tus manos sostienes este libro, para ti, que amas los versos y las prosas, para que encuentres en cada línea de este libro; la pasión por la vida y por el amor, a través de las memorias de un hombre que, hecho poeta, descubrió el camino de la felicidad.

Wenceslao García Zapatero.

Memorias de un poeta *Wenceslao García Zapatero*

Todos los derechos están reservados y ninguna parte de este libro se puede reproducir o transmitir en ninguna forma o por ningún medio sin la autorización por escrito del autor Wenceslao García Zapatero.

ISBN: 9798394616877

w.zapatero@yahoo.com
Impreso y publicado en USA.
Mayo-2023

Edición y diseño: Reina Reyes Osorio.
reynareyna201@gmail.com

Dedicado;
con amor para mis padres, mis hijas y Reina Reyes Osorio.

AGRADECIMIENTOS

Quiero dar las gracias, primero a Dios por el regalo de la vida, y por permitirme seguir siempre adelante.
Gracias a mis padres, que son su ejemplo y amor, me mostraron el camino para creer en mí y en mis sueños.
Gracias a mis hijas por su comprensión, y sobre todo por todo su amor.
Gracias, escritora mía, Reina, sin ti este libro no hubiera podido existir, gracias por inspirar en mi corazón estos versos, gracias por ser para mí un amor hermoso, puro y lleno de alegría.
También, gracias, Reina Reyes Osorio; por aceptar editar y diseñar este libro, por todo tu tiempo, esfuerzo y talento invertido para convertir mis escritos, en un libro magnífico de poesía, que estoy seguro se grabara en la eternidad.
Agradezco también de manera muy especial a las poctisas y poetas: Monique pineda, Sonia Arias, Cristina Acha, Eros Land(el poeta del desierto) Noel Vidal, y Ramón Díaz; por sus amables palabras acerca de esta obra poética.

Gracias a ti querido lector, por amar la poesía.

 Sinceramente;
Wenceslao García Zapatero.

ÍNDICE

AGRADECIMIENTOS	9
ÍNDICE	11
PRÓLOGO	15
Gracias, señor	17
Yo te seguiré amando	19
Poeta	21
Camino	23
Mi sueño hecho realidad	25
Amor vs. Virus	29
El milagro	33
Escritora mía	35
Juventud	39
Ahora	41
Flores Rojas	43
Yo no sabía	45
Cuando yo muera	47
Mujercita	49
Tu Poema del Ayer	51
Abrazo perdido	55
Soy feliz	59
Pantalones largos	61
Rosa desprendida	65
Madurez	67
Como un rayo a tu lado	69
Regresa	71
La Capa de Ozono	73
Los abandonados	75

Mujer y madre	79
Una palabra	81
El jardín	83
Lamento de un poeta	85
Destino	87
George Floyd	89
Son mis niñas bonitas	91
Domingo de Ramos	95
Vivir	97
El día que partí	99
A mi preciosa Lima	103
Cuando yo muera	105
Inerte existencia	107
Recuerdo de verano	109
La historia del declamador	111
No poder amarte	113
Huellas	115
El amor de mi vida	117
Golpe de viento	119
Conque ganas te pienso	121
La góndola del amor	123
El declamador de América	125
Un Fantasma que se fue	127
Mi Coco linda	129
Yo sin ti	131
Dos lágrimas	133
Poema a la madre	135
Carta a mi madre	139
Mi querido viejo	141
Carta a mi padre	143

padres míos	145
Despedida	147
Paciencia	149
Levántate	151
Reina	153
Pensar en ti	155
Afortunado	157
Lamento de un Peruano	159
El florero se rompió	163
Bohemio	165
La vejez	169
Beso robado	171
Libertad de quererte	175
El hombre maduro	177
Te amo	179
Una palabra	181
Una pregunta	183
Mi calle: Jirón Yavari	187
Los nietos	191
Las Calles de mi ciudad sombría	193
La tristeza del bohemio	195
A mi manera	197
Diálogo con el alma	199
Un Pabilo	201
Ese hombre es tu padre	203
Luz y soledad	207
Yo te seguiré escribiendo	209
Estar Enamorado	213
Gran declamador	215
Sobre el autor	217

PRÓLOGO

El amor es el sentimiento más hermoso del mundo, y la poesía es el camino más apasionado para caminarlo y vivirlo en el alma de alguien más. En "Memorias de un poeta", el escritor Wenceslao García Zapatero, magnifica su vida, y la plasma en líneas que llegarán a provocar las emociones y sentimientos del lector; como el violinista lo hace con las cuerdas del violín para provocar su dulce melodía.

El poeta en cada palabra enlaza una emoción, la teje con su especial forma de sentir, y de escribir, y la posa en la mente del que busca en la poesía la fuerza para declarar a ese ser especial todo su amor. Al leer cada poema de este libro, la piel temblará al sentirse descubierta; las sienes se convertirán en testigos de la urgencia para dedicar estos versos dulces, fuertes y sinceros, pero también llenos de fe y esperanza.

El poeta Wenceslao García zapatero convierte sus pensamientos en poemas, que lentamente se transforman en una oración que se eleva como el ave en la confianza de sus alas, una oración de fe y de agradecimiento a la vida por sus amados padres y sus queridas hijas. La poesía de este libro es una poesía con vida, llena de esa energía, de esa necesidad que tenemos los seres humanos, por ser amados, por vivir con alegría y por saber que no estamos solos. Memorias de un poeta, es un grito de ternura nostálgica, de historias forjadas con los pasos de una vida entera.

En este libro el lector podrá encontrar la historia trazada en versos del cómo el hombre maduro se enamora, y llena su alma de un sentimiento capaz de transformarlo y llenarlo de una fuerza maravillosa llamada; amor.

Querido lector, te pido que cuando descubras en los poemas del poeta angustia y desesperación, no te confundas pensando que está triste y derrotado, porque no lo está. Aunque él sabe que nada es para siempre, también sabe que cada nuevo día, puede ser el mejor de su vida; por eso lo agradece y con una sonrisa lo vive, como si fuera el primero de muchos, muchos más.

Sin embargo, como tú y yo, el poeta sabe que; Dios perdona, pero el tiempo a ninguno, y avanza como un testigo fiel y silencioso de aquellos días de amor filial, de juventud, de dolor, de alegría, de aciertos y de errores. El tiempo es juez y verdugo en las memorias de un poeta.

Estoy segura de que este libro será el favorito de muchos amantes de la poesía; porque surge como una necesidad de un hombre; que nació poeta, y se niega a dejarlo morir dentro de su alma.

Con admiración y amor.

Reina Reyes Osorio.

Gracias, señor

Quiero decirte gracias
por todo aquello que recibí de ti,
gracias por la vida y por el amor
por las flores y por el dolor

Por lo que fue posible
y por lo que no fue,
te ofrezco todo lo que hice,
el trabajo que pude realizar

Las cosas que pasaron por mis manos,
y con aquellas que pude construir;
te presento a mi familia,
a mis hijos, y a mis amigos de siempre,
que están cerca de mí

Los que pude ayudar y aquellos
con quien compartí la vida,
el trabajo, el dolor y la alegría

Hoy te pido perdón,
perdón por el tiempo malgastado,
por la palabra dura e inútil
y el amor desperdiciado

Perdón por las obras vacías
y por el trabajo mal hecho,
perdón, por a veces vivir
sin entusiasmo,
y también por la oración,
que poco a poco fui aplazando

Que los próximos días,
sean siempre bendecidos,
tengo mi vida delante del calendario
y te presento mis días

Únicamente tú sabes
sí llegaré a vivirlo,
hoy te pido tu protección
y seguir adelante
día a día,
con tu santa bendición.

Yo te seguiré amando

Yo te seguiré amando
más allá del invierno, del verano,
y de mi primer poema,
a través de los libros
y de las tardes de bohemia

Yo te seguiré amando,
más allá de la flor que quiso
convertirse en mi almohada;
y más allá del hombre
que llama mamá a la luna,
y que siempre estará a tu lado

Yo te seguiré amando;
por detrás de las noches;
las calles llenas de hojas pisadas
y de los comentarios
de la gente malintencionada

Cuando nuestros vídeos
se pongan más serios
sobre el acantilado del recuerdo,
yo te seguiré amando

Por encima de todo lo nuestro
te seguiré siempre amando,
cuando la vida se apague;
y cuando el amor
se abracé con la muerte
yo te seguiré amando.

Poeta

Entre otros millones de cosas
poeta es el que se pone en la piel de otras personas, y debajo
de su piel también

El que se mete en sus cerebros y almas, dentro de sus
corazones y sus huesos; poeta es el que ama más

El que no está de acuerdo con algunas ideas, pero las respeta;
por ello el que odia personas no es poeta,
aunque escriba buena poesía, y haya obtenido un premio nobel
de literatura

El que sale de su mente es poeta; el que viaja a todo sitio
sin moverse de dónde está;
el que comienza por sí mismo rompiendo discriminaciones,
segregación y racismo

Poeta es el que crea sentimientos, ideas y pasiones
nuevas cada día, el que sale de su cuerpo y
se desdobla millones de veces

El que se mete en tus sueños;
los detiene,
los repite, los cambia y los continúa

Poeta es el que crea sueños y hasta pesadillas,
dormido o despierto; es aquel que fabrica ilusiones y
alucinaciones;
el que inventa fantasías que se hacen
realidad todos los días

Poeta es aquel que se inventa a sí mismo,
el que puede, inclusive sin papel y sin lápiz,
sin palabras ni letras,
hacer la más bella poesía.

Camino

Señor, cubre el camino de mis hijos
de bendiciones y sabiduría,
y que la bondad
dure para siempre en
sus corazones

Lléname también de esperanza, y
confianza para que todas
las personas que yo encuentre
en mi camino;
puedan descubrir
en mí ese poquito de ti

Y que la paz y la alegría
de vivir cada día con optimismo
y voluntad, lleve mis pasos por
un camino lleno de amor y comprensión.

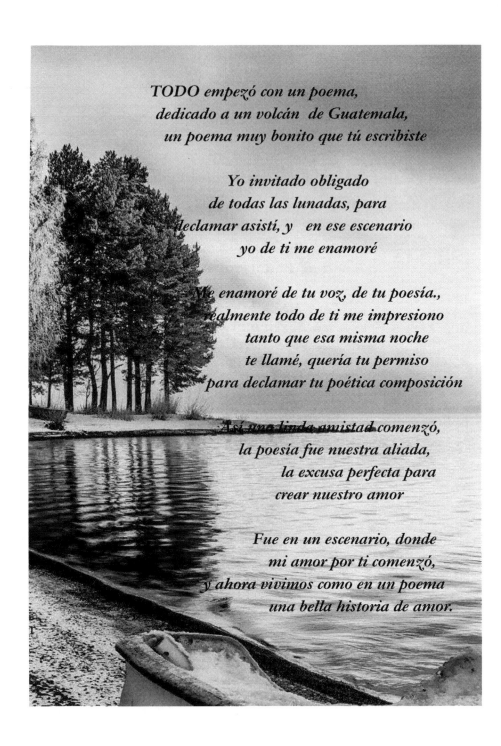

TODO empezó con un poema,
dedicado a un volcán de Guatemala,
un poema muy bonito que tú escribiste

Yo invitado obligado
de todas las lunadas, para
declamar asistí, y en ese escenario
yo de ti me enamoré

Me enamoré de tu voz, de tu poesía.,
realmente todo de ti me impresiono
tanto que esa misma noche
te llamé, quería tu permiso
para declamar tu poética composición

Así una linda amistad comenzó,
la poesía fue nuestra aliada,
la excusa perfecta para
crear nuestro amor

Fue en un escenario, donde
mi amor por ti comenzó,
y ahora vivimos como en un poema
una bella historia de amor.

Mi sueño hecho realidad

Mientras espero,
mi amor, que tú llegues,
mi imaginación vuela,
y un bello sentimiento
de mi alma se apodera

Los Pirineos y la naturaleza
apuntan la dicción, y yo miro
a los montes, dibujándote
como en una bella canción

Qué largos son los valles,
pardas las rocas y temibles
los desfiladeros, y siento
que sin tu amor; yo,
yo me muero

Entonces vuelvo a la realidad,
suena el teléfono,
es mi Reina que saltando
los bancos, me dice
que ya está en camino,

No desesperes que ya está llegando,
entonces los jilgueros comenzaron a trinar,
y al viento escuché cantando
la alegría de tu llegada, y a mí
se me saltaba el alma agitada

Una taza de un té de limón,
que en mi jardín,
con sus manos
para mí, con amor,
ella cultivó

Te juro, que los ruiseñores callaron,
un pirincho caprichoso
trajo muchas luces y alegría,
yo miraba felicidad en toda la gente,
y hasta en el río vi feliz a un indigente

Entonces, abrí la puerta
y apareciste tú, envuelta en
una luz de juventud y belleza,
que no sé si compararte
con el cielo o con
la grandeza de la naturaleza

Con una sonrisa que ni el divino
pensamiento dibujarla podría,
mi niña me diste,
y tu mano en mi mejilla
con cariño recorriste

Tan grande fue lo que sentí
en ese momento,
fue un momento tan divino,
que el sol, lo quiso compartir conmigo

Entonces yo le dije
al mundo entero
esta es mi Reina,
te abracé y
puse en ti toda mi esperanza,
y también toda mi confianza

Cuando me cuida,
¡ay!, mi amigo, ¡ay!, como
me cuida, como lo hace la leona
que a sus cachorros con amor
a la vida encamina

Tú eres, la mujer
que quiero con el alma,
tú eres la mujer que por siempre
supe que quería, y que a mi vida,
algún día, por fin, llegaría.

El poeta Wenceslao y la escritora Reina Reyes en la grabación de un recital.

Amor vs. Virus

¡Señor!, ¡señor!, te prometo,
portarme bien,
pero déjame seguir,
viviendo

Soy un manojo de nervios,
que me tienen confundido,
con el alma en vilo,
como un campo sin sus lirios

Mi corazón con mil ecos,
está temblando de miedo,
por todos lados escucho,
ten cuidado con el virus

Azotando el mundo está,
el coronavirus sin piedad,
yo quisiera tener el poder
del antivirus conocer

Para este aislamiento,
terminar, y poderte abrazar,
por el bien del mundo,
el amor no debe de parar

El amor es el antídoto,
para tanta indiferencia,
tanta falta de respeto,
y de tanta insolencia

La verdad amada mía,
lo peor yo estoy temiendo,
y para mí que te amo tanto
lo peor es no poder
darte un beso

La vida nos está dando
a todos una gran lección,
decir, ¡te quiero!,
decir, ¡te amo!,
sin ser especial ocasión

Y yo que ya te estaba
tanto queriendo,
te lo he dicho mucho
escribiendo

Palabras sinceras, que
hoy me niego a no
seguir haciéndolo,
hasta que tú me creas
que sin ti yo estoy
ahora sufriendo

Palabras verdaderas,
nunca te diré mentiras,
ni palabras que tus
sentimientos ofendan

Pero, te haré una pregunta,
¿Qué debo hacer con
este virus?
Porque vivir sin verte,
es condenarme a muerte,
queda bien claro mi cielo,
que tengo miedo,
de no volver a verte

Pero será lo que tú digas,
aunque la muerte nos separe,
yo te seguiré queriendo,
eso lo sabe el mismo Dios,
que nos está bendiciendo

Y por último te digo
luchemos contra
este virus, que el amor,
que yo te tengo, es
sin duda lo que me mantiene vivo

Te juro, que lo que siento
no lo para ni el más
fuerte de los virus,

tu Reina mía,
sígueme sonriendo

Eres luz en mi oscuridad,
medicina capaz de mi alma sanar,
oración en mis labios,
alegría en esta pandemia,
eres tú, Reina mía

Niña mía, sígueme queriendo
que yo seguiré muy fuerte,
que el amor que es
divino no lo para ni la muerte.

El milagro

Señor de los milagros, santo Padre, ante tu poder bendito, y ante tu imagen me arrodillo para pedirte que me cures a mi hijito.

Tiene 10 añitos y se está muriendo del coronavirus, si tú me lo curas, señor, yo te prometo caminar 3 millas de rodillas, trayendo cargado a mi hijo ante tu imagen santa.

"¡Se movió, abrió sus ojos, se cumplió el milagro!", aclamo la esposa del buen hombre.

"Remigio, ven, arrodíllate ante la imagen del señor de los milagros y dale las gracias" agrego con los ojos llenos de lágrimas.

Señor, yo soy un hombre del campo, que a fuerza de trabajar se gana la vida, y de agradecimiento te regalo toda una camada de cabras blancas, también te entrego mis vacas, mis caballos y si te parece poco; te entrego los cinco dedos de mi mano.

El tiempo pasó con sus días y sus noches, la madre seguía llena de fe y el padre trabajaba sabiendo que el milagro llegaría y que él su promesa cumpliría.

El Niño se recuperó, pero la madre se murió por el esfuerzo de caminar 3 millas de rodillas; y por los campos se ven pastando las cabras blancas, los caballos, las vacas y a un costado de la imagen del Señor de los Milagros;

los cinco dedos de Remigio, el padre, reposan como prueba
viviente del milagro.
La fe es una fuerza capaz de mover montañas,
de separar las aguas, de entregar todo,
solo el criterio de cada ser humano;
y el buen juicio es el que decide los límites
de las acciones en nombre de la fe.

Escritora mía

Por favor; escritora mía,
nunca me niegues la ventura
tan grande de escuchar tus poemas,
de estar junto a ti,
y de reflejarme en tus pupilas

Permite que yo cuide tus pasos,
que bese tus labios,
y que beba de tu aliento;
como lo hace el náufrago
y el sediento

En una tarde de verano
tu poesía atrapó mi alma,
escribías para la gente
que por un volcán fue torturada;
y hoy tus poemas llenos de amor,
son para mi alma afortunada

Que nunca te alejes de mí verá,
porque sin ti,
para qué quiero la vida entera,

te lo digo desde adentro;
y no de dientes para fuera

Escritora mía, tu camino es el mío;
juntos iremos por la senda de la vida;
tomados de la mano,
sin hacer caso de las voces,
y alzando las alas para el alto vuelo,
llegaremos a alcanzar
las estrellas y los cielos

Yo sé que seguiremos humildemente
por todos los caminos de la vida,
y lejos de las injustas críticas de la gente,
que nos mira y sin pudor nos critica

Y si tenemos que rodar,
rodaremos al abismo
o subiremos a las cumbres
más excelsas, porque nuestro amor
es más fuerte que el poder
del mundo entero

Escritora mía yo presiento
un más allá, al que todavía
no has podido llegar,
pero qué juntos estamos
muy cerca, muy cerca de alcanzar

No hay apuro, tenemos un mundo
por delante para deleitarnos
de amor del bueno,
de ese amor con el que soñamos
y dudamos si son sueños
o son realidad
y que nos abren las puertas
de la felicidad.

TENGO ganas de besarte,
tengo ganas de abrazarte
y entregarte uno a uno mi querer

Te pido entregarte todo el fuego
de mi amor, aunque
sea por última vez

Si me regalaste un día
tu amor, y sabiendo
que algún día moriré,
pero hoy tengo ganas
de tu amor

Escucha mi plegaria,
antes de partir quiero
llenarme
de tu amor, y saber lo que es
por un amor sonreír.

Juventud

Al recordar aquellos tiempos,
que al evocar me hacen
sentir la ilusión perdida
que se va apagando como
como la luz de una vela encendida

Dueño de un don en el arte
de la poesía nací,
declamador de la muchachada
en mi barrio fui,
hasta el día en que tuve,
que de él partir

Incursione en la farra
de la bohemia, y junto a una guitarra
declamar poemas, en mi pasión
de poeta se convirtió

Hoy, siento los golpes
de mi edad madura,
que lentamente me acerca
al final de esta carrera

que tarde o temprano
para todos algún día, culmina

Es mi anhelo regresar,
a las ilusiones perdidas,
porque,
me siento como el jilguero
abatido después de un fuerte
aguacero

Pero el don sigue aquí,
me sigue haciendo
sentir vivo,
con recuerdos que quedan
grabados
en las declamaciones
de bohemio, que siguen cada
día en mi corazón
viviendo

Quisiera juventud, que vuelvas,
para quererla un poco más,
juventud divino tesoro
no solo la quiero,
también la adoro.

Ahora

Ahora sé por qué mi vida estaba vacía,
por qué a veces se tornaba triste y sombría,
porque en mi frente sombras aparecían
como si se nublase cada día

Ahora sé lo que mi vida necesitaba
era amor; eras tú,
un amor que al final del día
mi cansancio, y fatiga con su
dulzura aliviará

Ahora sé que lo que a mi hogar faltaba
era ese toque divino de tus manos,
ese aroma de tu comida,
que me alimenta y me da vida

Ahora sé que el jardín te esperaba,
que estaba vacío, lucia triste
y sombrío, y que ahora gracias a ti,
lleno de flores y mucho amor esta

Las rosas, caléndulas y las estrellas
se reflejan en tus pupilas soñadoras,
viven y beben de tus manos,
como yo también felizmente lo hago

Si me dieran a elegir entre nuestro jardín
y el cielo, me quedaría en nuestro jardín,
abrazado a tu amor eternamente,
porque te amo intensamente.

Flores Rojas

Las flores rojas que un día te regalé
flores que un día tu boca beso,
flores rojas con las que
un día sellamos nuestro amor

Marchitas llorando hoy están,
a través de sus pétalos rojos,
en su lenguaje me hablan de ti,
con un lamento que parece
una invitación para en ti vivir

Me dicen cuanto me quieres,
me gritan, que por más
que el tiempo pase, tu corazón
como el mío latirá,
y como el río sin
su cauce, por ti sufrirá

Con una copa de vino
tu recuerdo viene hacia mí,
flores rojas que me recuerdan,
que tú eres para mí
como el lirio es para abril

Las flores rojas,
ahora marchitas por dolor,
igual son fieles testigos
de todo mi amor

Flores rojas, que lloran
porque sé, que tan solo
con tu recuerdo a la tumba
algún día yo me iré.

Yo no sabía

Yo no sabía que iba a encontrarte,
ni sabía por donde llegarías,
ni tampoco sabia tu nombre,
ni lo hermoso que escribías

Te encontré sin buscarte,
te metiste dentro de mí,
y tus poemas me dieron
más motivo para adorarte

Pero tenía un presentimiento,
una ilusión, no sé qué era,
pero al verte me sentí enamorado
sin importar que tu amarme
no pudieras, yo
te amé con toda mi alma.

NADA más grande me ha
ofrecido la vida,
que está maravillosa
libertad de quererte

Porque mi amor
no tiene ni horas ni medidas,
si no una larga
espera para
reencontrarse contigo

No tengo sino labios
para decir tu nombre
y así voy aceptando mi destino

El de un hombre
que sabe sonreírle al rayo
que lo ha herido y
que en la tierra
espera que vuelva
su alegría.

Memorias de un poeta   *Wenceslao García Zapatero*

Cuando yo muera

Cuando yo muera no derrames una lágrima de tristeza porque he muerto, derrama una lágrima de alegría porque estoy descansando.
Cuando yo muera no te acerques a mi ataúd a pedir perdón porque yo no podré oírte; mejor dímelo ahora.
No me digas cuanto me querías, si en vida no pudiste hacerlo de corazón, ahora menos lo harás, mejor dime que encontraré la paz.
Cuando yo muera, no me regales flores, porque no podré olerlas, no eches en mi ataúd lo que más me gustaba comer, si en vida no me lo diste? ¿Por qué ahora lo quieres hacer?
Cuando yo muera, no te arrepientas y me digas cuanto sufres por mi ausencia, si en vida nunca me visitaste; ¿Por qué he de creer en tus palabras
de arrepentimiento y culpa?.
Cuando yo muera, solo te pido una cosa, recuérdame cómo fui en tu vida y ten presente los buenos momentos que pasamos juntos; solo recuerda una cosa.
No he muerto, simplemente he terminado mi vida en este mundo, no he muerto porque sigo mi camino hacia otro mundo donde te estaré esperando, pero tarda mucho tiempo en llegar.

Yo te estaré cuidando, solo recuerda que si vivo en tu corazón no habré muerto y moriré hasta que tú hayas olvidado mi recuerdo.

"El Poeta" en una de sus presentaciones en el City Hall, de Los Ángeles; California.

Mujercita

Dime, ¿por qué ya no alumbras
mis noches con la luz de tus ojos?
¿Por qué estás tan lejana de mí?
y tu sonrisa que quiero tanto
ya no brilla igual, para mí

Un pedacito de tu risa es mi dicha
y mi antojo, y yo guardo encendido
como un tesoro escondido,
la saliva de tu boca que me
ha amarrado a ti

Mujercita no digas nada
sí me angustio por tu ausencia,
si al viento doy mi lamento
por la amargura que siento

Una sonrisa me diste y un beso
yo te robé y nunca te imaginarás
mujercita todo lo
que me hiciste, porque ese beso
robado no me deja dormir

Mujercita dime que sí,
que de tormento me muero,
porque tu boca que anhelo
todo su fuego me dio

Dos angustias voy teniendo
enlazadas en mi vida,
y voy llevando maltrecho
las penas que voy sufriendo

Mujercita, buena y sincera,
tenerte en mi lecho,
tenerte en mi vida,
dime que si, porque
este amor que por ti
yo siento lentamente
sin piedad me va consumiendo.

Tu Poema del Ayer

Sobre el escenario,
una tarde de verano,
un poema me impactó,
con sentimiento y
mucha pasión,
declamaste y me llegó al corazón

La brisa de la tarde,
se llevó el néctar,
y el calor de esos
versos en flor

Muy entusiasmado un poema,
yo también declamé,
quería llamar tu atención,
y ganarme así tu amor

Las mismas aves regresaron;
y mis letras se llevaron,
las letras que con tanto cariño
yo para ti había declamado

Decepcionado y triste
las vi volando,
y su canto te fue de mí alejando

Como una carcajada burlona,
de ironía que atravesó mi
Persona y de mí se reía

¿Y pensé? De que sirve
declamar con tanto amor,
y ver unas aves
romperte el corazón

Es como enamorarse de un ángel
y no poderlo gritar,
el sentimiento que nos llena
de pasión y le exige a la razón
que te deje vivirlo;
¡Por favor!

Que a su mente
la llené de admiración,
pero la realidad nos trae
otra desilusión,
que atrofia la razón,
dando muerte al amor

Muy triste fue mi pasado;
el presente es algo hermoso;
y aunque con miedo,
veo venir, un porvenir maravilloso

Tu amor que me alimenta el alma;
me da un poco de calma;
un poco de fe,
lo hace más fuerte
y cálido a la vez

Vagando por el escenario
donde un día te encontré,
hoy te envío unas letras
con las mismas aves,
que un día se llevaron
el néctar de mi poema,
en aquel atardecer

Mis letras de aquella tarde
de verano,
quizás te lleguen esta vez,
aunque de aquella poesía
solo deben de quedar cenizas
y un bonito recuerdo del ayer.

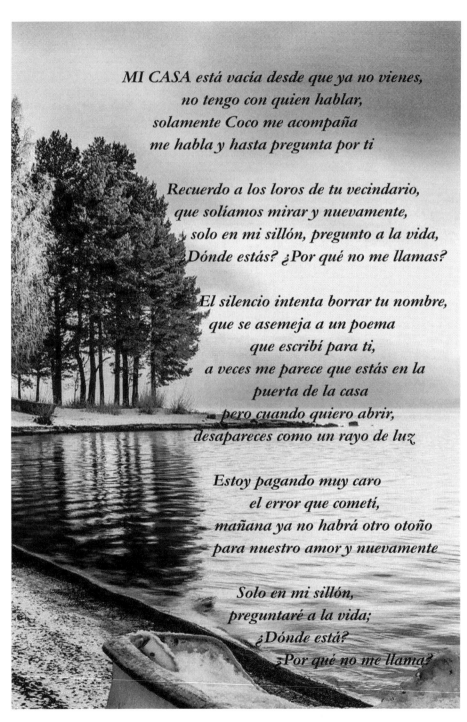

MI CASA está vacía desde que ya no vienes,
no tengo con quien hablar,
solamente Coco me acompaña
me habla y hasta pregunta por ti

Recuerdo a los loros de tu vecindario,
que solíamos mirar y nuevamente,
solo en mi sillón, pregunto a la vida,
¿Dónde estás? ¿Por qué no me llamas?

El silencio intenta borrar tu nombre,
que se asemeja a un poema
que escribí para ti,
a veces me parece que estás en la
puerta de la casa
pero cuando quiero abrir,
desapareces como un rayo de luz

Estoy pagando muy caro
el error que cometí,
mañana ya no habrá otro otoño
para nuestro amor y nuevamente

Solo en mi sillón,
preguntaré a la vida;
¿Dónde está?
¿Por qué no me llama?

Memorias de un poeta *Wenceslao García Zapatero*

Abrazo perdido

(Poema basado en una historia real)

Lo siento mucho papá, preñados de lágrimas,
mis ojos están, por la impotencia que sentí,
cuando te fuiste sin despedirte de mí

Pasaron los años y nunca, comprendí,
que no estabas cuando frío y hambre,
junto a mi madre sentí

Mi mamá lloraba todo el día,
yo era una criatura, pero el dolor
en mis adentros por ella, ya sentía

Te quería papá, te juro que te quería,
soñaba con estar a tu lado,
que me llevarás al parque,
jugar contigo, como lo hacía el papá
de mí mejor mi amigo

Mi alma de niño se derrumbó,
cuando me enteré, que tenías otra
familia y que ya a nosotros no, nos querías
¿Por qué? ¿Papacito, por qué?
Si todo estaba bien, me parecía
desde mi mirada de niño,
que podías cuidar, de mí, que era tu hijo

Sabes papá, cuando veía
a mis amigos de la escuela,
llegar con sus padres a la junta escolar,
mis ojos solitarios empezaban a llorar

Las paredes de los baños,
eran los mudos testigos, de ese dolor
que sentí, al no tenerte en la escuela
como siempre, lo pedí

Llore tanto, que los cielos,
aprendieron a mis ojos
consolar, para que mi santa madre
mi dolor no pudiera sospechar

Solo con mi mamá yo crecí,
y ahora que del hospital una llamada
recibí, mi alma se emocionó al saber sobre ti
"Su padre lo quiere ver";
una enfermera aseveró, que fuera pronto ahí
pues el tiempo era ya poco para ti

De una rara enfermedad,
enfermo en una cama,
hoy estás, corrí a verte, quería
tener alas para a ti poder llegar

Mis ojos se posaron en ti,
tendido en un lecho,
con una rara indiferencia yo te vi
mi perdón me pediste, mi perdón yo te di

Un abrazo me pediste,
y sin pensar te dije: "Dios te guardé,
te perdono, pero en mí, amor de hijo
ya no existe, para ti"

Ese abrazo se perdió,
no te lo puedo dar, ese abrazo lo tenía
guardado en mi corazón,
pero un día sin saberlo
de mi pecho se borró

Era un abrazo lleno de amor,
qué mi madre para ti,
en mi corazón cultivo
para dárselo a mi papi,
a mi lindo papito,
que a buscarlo nunca llegó

Te amaba con todo mi corazón,
te añoraba tanto como
la luna al sol,
pero nunca llegaste y
ese abrazo, lentamente se perdió

Lo siento mucho papá
pero te pido te vayas en paz,
pues en mi alma solo
buenos sentimientos florecen,
sentimientos que en mi alma de niño,
un día mi mamá sembró

Cuando solo me dejaste
y ahora que me lo pides,
ahora que te vas, lo siento,
pero ya no te lo puedo dar,
porque en mi corazón,
ese abrazo se perdió.

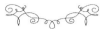

Soy feliz

Me gustaría decirte, todas las mañanas,
que eres todo lo que
me faltaba, para ser
completamente feliz

Decirte que tú me robas el sueño,
que me haces sonreír,
que significas todo para mí,
sin darme cuenta te fuiste
convirtiendo, en el eslabón
que me faltaba
para ser feliz

Te convertiste en el primer
pensamiento al despertar,
y si supieras cuantas horas
pienso en ti,
en la oscuridad de la noche,
solo tu recuerdo
me ilumina

Me encanta tu forma de ser,
de escribir, no muchas veces
se encuentra una mujer como tú,
¡mi Reina, soy feliz!

Primero una linda amistad
surgió entre los dos,
que se convirtió en algo tan divino,
en un sentimiento que se llama amor,
y que nos unió para siempre

Con todo lo que siento,
no me alcanza este poema
para decirte lo mucho
que te amo.

Pantalones largos

Pantalones cortos,
por mucho tiempo
yo traviesamente llevaba,
pero en mi cabeza,
pantalones largos deseaba

Cuando cumplí
los 15 años anhelados,
mis padres de gozo
con todos bailaron

Tirando la casa por la ventana,
organizaron una velada,
y a todos ellos invitaron, para
celebrar esa fecha tan esperada

Me compraron mis anhelados
pantalones largos,
y a festejar se pusieron,
mi padre bailaba de gozo,
con una botella en la mano

Gritando a todos decía,
este mozo sí que está hermoso,
y mi madre llorando,
de besos mi cara cubría

Agradecida, al señor
le daba las gracias,
las vecinas a sus hijas les decían,
yo a ese chaval lo quiero
para mi yerno,
ya verán que lindos,
saldrían mis nietos

Todo nervioso, yo estaba,
pues hasta ayer pantalones
cortos llevaba, y mi niñez
ya extrañaba

Me sentía un niño todavía,
pero en mi semblante,
un hombre ya parecía,
y mi vida ese día cambiaria

Mi padrino, el doctor del barrio,
al verme exclamó, ahijado mío:
¡Que bien te ves con los pantalones largos!

Ten mucho cuidado
con los peligros de la vida,
tú no sabes, lo que te
puede esperar a la vuelta de la esquina

Como pasan los años,
si hace poco corriendo andabas
entre matorrales,
y ahora ya eres grande

Ahora hijo mío,
ya te llenan de halagos,
que bien te quedan esos,
pantalones largos.

*SI aplacas la ira,
encontrarás tranquilidad
si aplacas la soberbia,
encontrarás humildad,
si aplacas la venganza,
encontrarás enseñanza
si aplacas el egoísmo
encontrarás altruismo,
si aplacas el encierro
encontrarás libertad,
si aplacas la necedad,
encontrarás sabiduría,
si aplacas el rencor
encontrarás amor.*

Memorias de un poeta　　　　　　　　　*Wenceslao García Zapatero*

Rosa desprendida

Ya el temor hacia la muerte
se ha disipado,
abril yo te despido
llegó mayo iluminado
¡esperanza quédate!,
¡que ha sido un abril afortunado!

En las noches tengo sed,
y despierto con un vaso
de agua a mi costado,
¡no sé!, dímelo tú, si me
he sentido por mis propias
palabras engañado

Soy un hombre de llanto
y de tiniebla oscura,
que espera su deshielo en
primavera

Voy al jardín buscando
inspiración, lleno de agua
mis rosales que se llenan de una
hermosura envidiada

junto a la rosa que del virginal
regazo ha sido desprendida;
para adornar el altar de
mi madre amada y bendecida

Dímelo tú, que mucho has estudiado,
¿qué significa tener tanta sed?
Dímelo tú, que hoy dulcemente
despiertas a mi lado.

Madurez

Los años de la madurez
me han caído de golpe,
las sienes se han plateado
y mi caminar ahora es más lento

Como la lluvia en verano,
camino por las calles,
bajo la luz que irradian
las estrellas, y me invitan
a brillar con ellas

Una historia que ya casi
está escrita,
un camino que está por
terminar,
y el cual me resisto abandonar,
la madurez está aquí,
y algunos la llaman vejez

Madurez que a mí me trajo
lo más bello que puede
un hombre en su vida tener,
el amor de una bella y buena mujer

Madurez que me da la fuerza,
para con el amor de mis hijas,
seguir adelante sin miedo,
y ni a la muerte llegarle a temer

Por qué aprendí
lo que amar, y ser amado es,
por eso y mucho más,
yo te bendigo madurez.

El poeta con su chaparrita bonita.

Como un rayo a tu lado

Cuando te acuerdes de mí
solamente llámame,
y al instante a tu lado iré,
cuando el agua
abandone a las plantas
a su reclinada ternura,
cuando el mar sonrosado
en el atardecer tenga las manos
juntas solo llama, y como un rayo
a tu lado estaré

Cuando vivan los poetas humildes,
como astros mansos en la órbita
de las cosas,
y cuando tiembles de amor por mí,
solamente llámame
y como un rayo estaré a tu lado

Y si algún día tus ojos cansados
de tanto
escribir no pudieran verme;
mis ojos te daría para grabarte
suavemente en ellos

Cuando tu esperanza de diosa,
convierta
el mar en brisa y la nieve
deslicé su azulada
insistencia en mi oído
solamente llámame, y
al instante estaré a tu lado,
como el rayo
que al llamado del cielo
responde;
mi querida escritora
a tu lado acudiré.

Regresa

Estoy triste, y como
una copa vacía en la mano
del destino estoy,
mi sufrimiento es inmenso
porque por mi forma de ser
tú a mi lado, hoy ya no estas

Mi corazón te reclama,
te implora que con tus versos,
vuelvas a endulzar mi triste
y desolada vida

Me quedan los recuerdos,
de tus besos y tus risas,
tu gracia y fineza
tu educación y grandeza

Regresa, te pido, regresa:
que tus ojos me miren,
que tus pies mis pasos
caminen, y tus labios
mi sed eliminen

Quiero llamarte, pero
miedo tengo de no encontrarte,
pero quiero amarte,
por favor,
a mis brazos regresa.

El poeta y la escritora de paseo en Arcadia, California.

La Capa de Ozono

Señores, hagamos,
algo por la humanidad,
la contaminación atmosférica,
es un problema muy grave,
al que debemos poner atención,
¡pero ya!

Nuestros pulmones no aguantan
tanta bacteria,
están sucumbiendo, ante
los daños que nos causan
desde las estrellas

La capa de ozono se está
haciendo más grande, y por allí
las plagas están entrando;
nuestro sistema se va debilitando

La pandemia nos está matando,
llenando nuestros pulmones de virus
que nos están atacando como se ataca al ciego,
entre la gente que lo está ignorando

La luz ultravioleta se está filtrando,
y a grandes y chicos
la piel nos está enfermando

Por los químicos
que forman la capa de ozono,
que rompiendo
nuestra calma nos están
gobernando

Las moléculas forman
monóxido de cloro y
atravesando la atmósfera
nos están aniquilando

Pongamos atención,
¡pero ya!
No esperemos a que
algún día, nos perdamos
como humanidad.

Los abandonados

Dolor tan fuerte sentí,
al mirar las noticias de mi país,
del que un día, sin mirar atrás,
de él me fui

La gente caminando
cientos de kilómetros,
con paso firme y cansado,
para poder llegar a su pueblo
que los vio nacer,
y que hoy están añorando

Aquella escena me partía el alma,
como se parte la ola
al desprenderse del mar,
y sentía una impotencia
de no poder colaborar

Las mujeres acompañadas
de sus hijos imploraban al gobierno;
¡justicia, justicia, justicia!

lo gritaban con voz lastimera,
pidiendo al cielo,
que sus hijos comieran

Los pobres clamaban,
hambrientos, cansados
y con penitencia,
como clamando a Dios
un poco de su clemencia

Los ayeres de su vida,
eran sombras del ayer,
los pobres sufrirán en vida,
porque es de los poderosos
la consigna

La pobreza mata la esperanza,
¿Quién podrá calmar la sed?,
¿quién podrá quitar el frío?
Del que en el abandono traza,
solo su camino

¿Una balanza desigual?
¿Qué piensa usted?
El que tiene plata es bienvenido,
y en todas parte como rey es recibido

Malaventurado el que agota el infortunio,
pues solo pedradas recibe
en sus pies cansados y moribundos

Te lo digo a ti mi hermano,
es una balanza desigual,
pues aunque todos nacimos
iguales, el dinero nos vuelve
el alma inmoral

Uno mi mano a ti,
para al otro ayudar,
que nada que compre el dinero,
vale más que
la vida de un ser humano,
al que podamos salvar.

SEÑOR, tú que haces rodar al
sol por la pendiente del día,
y has visto las estrellas
abriéndose en el cielo;
tú que afirmas mis pies
sobre la tierra que pasa, y
has puesto en la angustia
de mis labios de hombre,
palabra de temblor aterido;
todo te lo devuelvo señor
para quedar solo ante ti

Y ya, sin voz, te pido,
que no apagues
la hora mansa
y la paz de mi entrega
absoluta, señor,

no lloro lo perdido,
porque nada pierdo,
nada solamente te pido
un poco de vida,
para seguir este amor,
viviendo.

Memorias de un poeta *Wenceslao García Zapatero*

Mujer y madre

Mujer fuerte y valiente
que llega a ser madre,
naciendo de ella un ser humano,
que la llamara; mamá

Instinto maternal que brota,
las mujeres sienten que adoran
a esa criatura y se disponen
a quererlo toda su vida

Se desviven por él, lo cuidan
en todo lo que necesita,
entregando todo su amor
a ese ser que aman más que a ellas

Madre es alguien que nos quiere
y nos cuida todos los días del año,
y nosotros nos acordamos de ella,
solamente un día al año

Las madres deberían de tener
12 días del año, para agradecerles
todo el amor que nos dan

Dios nos permita a los hijos,
poder vivir lo suficiente, para poderles
retribuirles todo su amor

Pero esa suerte que solamente
tuvimos una madre, porque quién
aguantaría el dolor de perderla,
si hubiésemos tenido más de una.

Rosie y Danny.

Una palabra

Una palabra estoy temiendo
que nunca pueda decírtela,
una palabra puede cambiar todo,
puede destruir mucho

Una palabra puede doler tanto
y; sin embargo, no decírtela nunca,
temo también que un día te la diga,
una palabra sencilla y que no cambie
nada, una palabra puede hacer
que te niegues

Una palabra puede hacer que te alejes,
por nuestro bien o por el mal mío,
según pienses, una palabra
puede hacer que me correspondas

Para nuestro mal o por el bien tuyo,
una palabra puede hacernos
tan felices o tan desgraciados,
una palabra puede hacernos
conocer lo posible o lo imposible

Una palabra puede hacernos ricos,
aunque tengamos solo amor para
ofrecernos, una palabra qué te diga
aunque sea al oído solamente

Una palabra que dicha en silencio,
que nos dejara tan tranquilos,
solo una palabra, para calmar
a este enamorado corazón.

El jardín

La hermosa luna,
en tus ojos bellos ha reflejado con sus rayos;
la luz divina de nuestro amor

Ven siéntate a mi lado en la silla del jardín,
junto a nuestros árboles frutales;
y abrázame con tu dulzura angelical

Disfrutaremos de esta hermosa tarde de primavera,
al compás de los gritos de "Coco" a la que quiero,
aunque a veces me vuelve un poco loco

Es muy agradable entre las flores de las macetas;
mirar tus lindos ojos, que me miran con amor,
dándome la gracia de cada día vivir mejor

Al compás de la brisa del viento ver flotar tus cabellos;
y estampar en ellos un dulce beso, lleno de pasión

Tardes tan lindas de primavera,
tardes llenas de nuestro amor

Miro el sol, mandándote sus rayos a tu alma inocente,
bajo la enramada de los árboles que mecen
sus ramas enamoradas

Suaves son las notas del viento que ven,
que nuestra frente acaricie el manso aroma
del maracuyá, del mango en flor, y las chirimoyas
que con sus brotes deleitan nuestras vidas, y nuestro amor

Nos llenamos de la belleza del jardín, qué juntos
cultivamos, de ese jardín que día a día con amor,
también nosotros cuidamos

Ven "My Queen "y sigamos
sentados en la silla de nuestro jardín;
viendo florecer a la rosa y
también el jazmín.

Flores del jardín de la casa del poeta.

Lamento de un poeta

Había una vez un poeta
de frente amplia, ojos claros
franca sonrisa, y de buen corazón

Recorrió muchos países declamando
al amor y en cada país
que visitaba
pensaba encontrar un buen amor

Deseaba encontrar una mujer buena,
bonita y que lo amara;
mientras declamaba, conoció
muchas mujeres
pero ninguna le toco el corazón

Regresaba a casa cansado,
y con el corazón desolado,
asistió a reuniones, bailes y lunadas,
pero nadie su atención llamaba,
no había mujer que
amor le inspirará

Consultó con grandes expertos
en el amor, pero nada lo ayudaba
a entender lo que pasaba

Llamaron al más grande
de todos los expertos, porque él podía
predecir donde encontrar
un buen amor

El poeta le pidió
poder conocer a una mujer que lo amara
como él, a ella, por la noche y por la mañana

La mujer que tú buscas
no existe, solo está en tu imaginación;
olvídala solo es una hermosa ilusión

Una mujer que no traiciona,
y que tiene un buen corazón;
no existe, no la encontrarás,
estás condenado, a vivir sin amor

El poeta resignado se encerró
en su apartamento y renunció
al amor.

Destino

Eres mi destino
por darme tu creciente maravilla,
eres mi destino por esta sencilla,
plenitud de sentimiento

Gracias porque suena el viento
entre los álamos con entereza,
gracias, porque al fin la tristeza
dejo de ser mi destino

Gracias, escritora, porque el camino
que contigo hoy empieza,
gracias te doy por la brisa
que en mi camino se detiene,
y mi cara acaricia

Gracias por la flor que tiene su destino,
en tu sonrisa;
gracias por esta indecisa
luz de luna que en el despliegue
de mi jardín, tu amor ilumina.

*CUANDO dos personas
adultas se enamoran,
ocurre una de las más
grandes paradojas
de la vida,
uno de los fenómenos
más bellos,
pueden estar lejos y
sin embargo,
tremendamente cerca*

*Están tan unidos
que casi son uno,
pero su unión no destruye
su individualidad,
de hecho la realza,
dos personas maduras
se ayudan mutuamente
a ser más libres.*

George Floyd

Qué tristeza y que dolor,
tengo en mi pecho,
al mirar la terrible
muerte que ellos te dieron

George Floyd, el mundo
entero conmovido está,
condenando a unos
asesinos que en la cárcel
sus acciones pagarán

Donde quieras que te encuentres,
te fallamos,
y fuiste la gota que el
vaso ya no podía soportar

Como chacales,
muy caro lo pagarán,
sabemos que si no

lo hacen, más
vidas se apagarán

Ya se encuentran como
cobardes que son,
implorando un perdón
que nadie les piensa dar

Hermano, descansa
en paz que esos
asesinos nunca
más la calle verán.

Son mis niñas bonitas

Hijas mías, si un día me toca partir,
para ese pago donde no se vuelve,
por favor, no lloren,
la muerte es buena y me ama

Una cosa les pido, cuiden mis libros
ellos son todo en mi vida
mi consuelo,
cuando no las tengo
ellos son los que me hablan
en   mis horas a solas

Con ellos salgo al camino,
para contrarrestar mi soledad,
con ellos gano la ausencia
de ustedes en el camino
de mi vida, hijas mías
son mi luz, mi alegría y
la vida misma

Las extraño tanto, especialmente
cuando mi rostro,
recuerda sus besos y sus manitas

Me fui de la casa a empellones,
una relación sin amor y respeto,
ya no es vida

Gane o perdí, pero siempre
las extrañé, las llamé en silencio,
sufrí sin ustedes,
solo mis libros fueron
mis compañeros

Andando por los caminos,
al recordarlas lloraba,
y en algún lugar lejano con ellos,
mis libros, me consolaba

Con ellos me alejé de las malas
amistades para no meterme
en problemas,
la verdad es que;
la vida me dio muchas alegrías

Pero también muchas tristezas
tener que alejarme de ustedes,

fue algo muy duro, muy duro
soy su padre y las amo mucho

Mis niñas bonitas,
Rosie, Roxy y Bexy
gracias por llegar a mi vida,
y hacerme tan feliz,
gracias por enseñarme
a ser un mejor ser humano
con su amor y su alegría

Ustedes son mi orgullo,
cuando me vaya, no sufran,
tengan calma, por qué
yo estaré al lado de Dios

Por ello, cuando me vaya,
hijas lindas, amen mis libros,
que en ellos se queda quien soy

Hijas mías,
cuando sientan una brisa
rozando sus mejillas,
y el viento juegue con sus cabellos,
sonrían que será mi amor
que las cuidara por siempre

Me iré complacido y feliz,
cantando a ustedes:
"Son mis niñas bonitas,
con sus caritas tan dulces…"

El poeta y sus hijas "Sus Niñas bonitas."

Domingo de Ramos

Domingo de ramos,
4 de la tarde, solo estoy,
en la sala de mi apartamento,
nada se mueve, ni yo tampoco

Bonito día con sol,
un día de otoño,
hace un viento muy agradable
parece que canta

Podría declamar un poema
y la calma y el alma,
se podrían alegrar,
pero no encuentro palabras,
se rehúsan a brotar

La pandemia nos asusta,
nos tiene preocupados,
la gente en sus casas
con temor encerrados

Estoy tranquilo, tengo mis poesías,
y a pesar del coronavirus
que nos viene persiguiendo,
mis poemas seguiré escribiendo

Seguiré esperando la llegada
de mis niñas, seguiré pidiendo por ellas,
bendiciéndolas, por todos los días
de mi vida, y un poco más allá.

El poeta y su flaquita linda.

Vivir

El tiempo pasa, y las cosas
que quisimos caedizas fugitivas,
se van y como en un morir,
se borran, se desvanecen

Borrarse de sí mismo,
sentir que se va desvaneciendo,
que se nos van secando
poco a poco aquellas cosas,
que nos hacen sentir muriendo

Aquellos seres que hemos
amado algún día, y a los cuales
debemos lo que somos,
pero vivir es ver volver

Es justo y necesario
conservar los afectos
como eran y los recuerdos
como serán, por una eternidad

En este esfuerzo humano,
para recuperar el tiempo
vivido y conservar
en nuestra alma lo que
hemos compartido

Un equilibrio de esperanza
ya convertidos en recuerdos,
y de recuerdos ya convertidos
en esperanzas y recuentos

En el esfuerzo y la lucha
lograremos combatir
el coronavirus para
que nos deje vivir
unidos y tranquilos.

El día que partí

(Dedicado a todo aquel que no tuvo la oportunidad de decir adiós.)

En un avión del tiempo
un día yo me fui,
surcando los cielos,
con ansias inicié mi viaje,
sin mirar atrás,
de mis viejos me alejé

Pensaba en labrar mi porvenir,
para regresar algún día,
triunfante al sitio del que
yo decidí salir

En un avión del tiempo,
hacia otro país llegué,
con muchos sueños,
como un aventurero
y con el espíritu de un
ser humano sincero

Me fui poco a poco,
sin pensar en lo que dejaba,
nunca me detuve a mirar,
que tal vez al regresar,
la realidad sería que
ya nadie me esperaría

Al aterrizar, encontré
un mundo distinto,
muy diferente al mío,
y algunas noches,
mi corazón se entumeció
por el miedo y por el frío

Sufrí y goce, lo mismo que llore,
más siguiendo los consejos,
que mis viejos me
enseñaron, cada día me levanté,
para seguir siempre de pie

En mi espalda,
con su amor labrado,
sostuve mis alas,
y siempre mi fe,
firmemente mantuve
cimentadas

En un avión del tiempo,
un día yo partí,
en un viaje eterno,
sin que yo pudiera
de ellos su bendición
recibir

Más la vida es justa,
y hoy en esta noche de luna,
mi madre me besa,
y me duerme en sus brazos,
con ternura me acuna,
y mi alma se llena de la más
tierna y dulce fortuna

Con la bendición de mis viejos
yo siempre contaré,
gracias, viejos míos
por mi camino alumbrar,
ahora soy una persona,
que sabe que; para cosechar,
hay que primero, saber sembrar.

SI FUERA *verdad que existe Cupido,*
yo lo buscaría, para darle las gracias
por haberme entregado tu corazón

Una mujer hermosa, hacendosa,
y   una pareja ideal, que jamás pensé
que podría encontrar

Tienes una forma tan especial
que llena mi corazón de alegría,
de amor y felicidad

Estoy tan feliz a tu lado,
lo dicen mis miradas,
lo dice el cariño
que desde el fondo de mi alma
yo siento por ti

En este sentimiento se volcó
mi alma entera
para darte con besos
profundos y sinceros,
la llama inextinguible
de este grandioso amor

Te quiero por el día
de San Valentín y
por el resto de mi vida,
porque sin ti, ya no sé
lo que es vivir.

A mi preciosa Lima

Lima querida, cuando la luna ilumina tus calles sombrías, yo me acuerdo de mis noches tristes, allá en mi barrio pobre, mi Jirón Yavary
Que Dios te bendiga Lima por bonita y educada,
porque en mis días de juventud tu poesía me inspiró; eras luz, pensamiento, armonía y sentimiento

Cada nombre de tus calles sabe a hogar,
cada barrio es un poema, y cada iglesia mi niñez

Cuantos años han pasado, desde cuando mi madre me esperaba que regresara con el pan para almorzar

La nostalgia se apodera de mí, al pensarte;
pero es linda la tristeza de encerrarme en mi sillón y a veces soltar por ti Lima
querida; un hermoso lagrimón

Estas lágrimas te las entrego engarzadas en este verso, que es mi modo de cantarte lo que por ti; yo siento

Lima linda, te saludo desde mi hogar en la ciudad de
Bellflower donde viviré una eternidad

Adiós, Lima querida,
adiós jirón YAVARI mi barrio de la niñez, adiós;
los llevaré por siempre en mi corazón.

Escudo de la bandera de Perú.

Cuando yo muera

No derrames una lágrima
de tristeza porque he muerto,
derrama una lágrima de alegría
porque estoy descansando

No llores porque he muerto
mejor sonríe porque estoy reposando,
cuando yo muera no te acerques
a mi ataúd, porque ya no podré oírte

Mejor dime que algún día te encontraré,
no me digas cuanto me querías,
porque si, en vida me lo demostraste yo ya lo sabré

Cuando yo muera, no me regales flores,
porque no podré olerlas, ni las eches en mi ataúd
no las desperdicies por ahí yo ya no estaré

¿Por qué ahora lo quieres hacer?
Cuando yo muera,
no me digas cuanto sufres por mi ausencia,
si en vida nunca me visitaste,

¿Por qué he de creer en tus palabras
de arrepentimiento y culpa?

Cuando yo muera, solo te pido una cosa,
recuérdame cómo fui en tu vida,
y ten presente los buenos momentos
que pasamos juntos

Solo recuerda una cosa, no he muerto,
simplemente, he terminado mi paso
en este mundo, no he muerto,
porque sigo mi camino hacia otro mundo

Te estaré esperando, pero una cosa
te pido, tarda mucho tiempo en llegar,
que yo te estaré cuidando, y
recuerda que si vivo en tu corazón,
no moriré, viviré hasta que tú,
ya no te acuerdes de mí.

Inerte existencia

Cuando llegó tu amor
a mi inerte existencia,
se borraron mis penas
de repente

Pues tenía la fuerza
de un torrente que sé
moría de pena y de impaciencia

Parecía un volcán
que sin clemencia;
derrapa su lava
por la pendiente

Los campos anegando,
en fuego ardiente y
sepultando todo
con violencia destruyó

Como llama indiferente,
pequeña y diferente,
inundada de vehemencia

Pasos vacíos, caminos sin razón,
solo con mis sueños,
mis versos y poemas
lentamente moría viviendo

Hoy que bebo el agua,
de tu fuente,
florece mi amor nuevamente
y renace la vida mía,
en consecuencia.

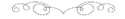

Recuerdo de verano

Una tarde de verano,
tu señor me la diste,
como ángel de la guarda,
una mujer dulce y buena

Te apiadaste de mi soledad
la mandaste, para que calme
mi sed, ahora ella es mi
compañera adorada

Cuídala, señor, te lo ruego,
si la perdiera estaría perdido,
no quiero nada más que su amor,
no pido riquezas, solo su amor

Un 16 de junio ella llegó
envuelta en su traje de juventud,
y con su poesía llena de encanto
de ella me enamore

Mi tristeza con su alegría
se desvaneció, y la amé,
la amé, como a nadie
desde que la vi por primera vez

¡La, amo tanto, señor!
que sé, que sin ella,
mi vida se iría al final,
por qué ella es luz divina
en mis noches llenas
de oscuridad.

Reina y Wenceslao en Bell Gardens, en un recital.

La historia del declamador

La Lunada está por empezar,
el local lleno a reventar;
el nuevo declamador abre el show,
el declamador, soy yo,
es mi oportunidad de brillar

Mi oportunidad de demostrarle
al mundo de que estoy hecho,
los declamadores de cartel que se presentarán hoy,
me miran con indiferencia
y se preguntan; ¿Quién es el?

Soy el novato, el que limpia el terreno,
ellos vienen después, es una gran función,
se abre el telón, anuncian
al primer declamador

Entre pocos aplausos entró,
comienzo a mi actuación;
con el poema "Al Padre"
con el corazón en la mano,
y siento al público empezar a vibrar

La gente entusiasmada aplaude
con fuerza y entre aplausos y gritos; se escucha decir:
"Que viva, que viva el nuevo Declamador".

El poeta en sus primeros versos.

No poder amarte

Aunque sé que no debo amarte,
y aunque deba tratar de olvidarte
no puedo luchar con el cariño
fuerte que por ti siento

Nada más dulce en mi mundo
aparte que la dicha divina de quererte,
y la pena mayor de no verte

Pero sí, un día por mi buena suerte
surgiera el milagro de poder amarte,
por la infinita alegría de tenerte

Haría un altar divino aquí;
aquí dentro de mi pecho
para seguirte amando;
hasta después de la muerte.

CUANDO, *llegó tu amor*
a mi inerte existencia,
se borraron mis penas de repente,
pues tenía la fuerza de un torrente

Moría de pena y de impaciencia,
parecía un volcán que sin clemencia
derrapa su lava por la pendiente

Los campos anegando
en fuego ardiente, y sepultando
todo con violencia destruyó
como llama indiferente mi viejo
amor, pequeño y diferente

Hoy que bebo el agua de tu fuente
y florece mi amor nuevamente,
renaciendo en la vida
en consecuencia,
y negándome a la muerte.

Memorias de un poeta   *Wenceslao García Zapatero*

Huellas

Mi cuerpo ya no es el de hace 20 años,
mi cara tiene huellas del tiempo,
pero eso no me importa;
tengo un espíritu joven

Como añoro los momentos
de los años de mi juventud,
esas hermosas tardes,
en las playas de la herradura
de mi ciudad natal

Cuando con mi madre en el piano,
declamaba mis poemas
y todo era felicidad;
¡ah!, qué tiempos aquellos,
festejando todo por igual

Era la edad de la eterna juventud,
de las muchachadas,
y los lindos poemas del ayer
con músicas extrañas y entre brumas

Luces de colores y en el pasado
del tiempo nos quedamos soñando,
esperando eternamente el retorno
del verano y del calor

Los años son solo números,
mientras no se me vaya la inspiración,
seguiré escribiendo poemas,
para ti mi Reina

Cada día más fuerte,
y con un amor que crece
cada día y se sobrepone
a todas las adversidades,
sé que nadie podrá pararlo

Cuando esos tiempos vuelvan,
entonces volveremos a declamar
en la playa y nos mojaremos
con la lluvia, grabando nuestras huellas.

El amor de mi vida

Como olvidarte si eres
el amor de mi vida,
como olvidarte si por ti
yo muero

Si en mi existencia lúgubre
en mi agonía con todo
mi espíritu, yo te quiero

Si por amarte una lágrima,
se me escapa, recuerda
que los hombres, también
tenemos alma

Yo nací para adorarte,
eres el amor de mi vida,
y solo el poder de la muerte,
podrá de ti arrancarme

Yo quiero estar contigo
noche tras noche,
besarte, descubrirme en tu piel,

y descubrirte en mi sonrisa
Ser quien que te cure,
y te cuidé tu corazón,
y resane tu dulce vida

No discutir ni ver,
quién pone más
en la balanza del amor
aquí está mi corazón,
enamorado con ganas
de abrazarte, y pedir
perdón por lo pasado

El que te extraña,
el que te llama,
el mismo que te ama,
soy el que camina
junto a ti al lado
de las estrellas

Ser el único hombre de tu vida,
ser tu única verdad,
y ser el amor de tu vida.

Golpe de viento

¿Por qué es tan difícil decir,
que ya no te quiero?
que cuando caminamos
solo pienso en el enorme
bache que habrá sin ti

En esa sombra que siempre
delante de nosotros,
donde tu cabeza parece
nacer de mi hombro

Olvidando que en algún punto
de esa rara geometría,
dejas de ocupar el espacio
donde comienzo
a independizarme de ti

Tampoco habrá dos juegos
de piernas tratando de igualar
el paso persiguiéndose
en un intento nulo
por encontrar el ritmo

La sincronía que nos
fue siempre tan ajena,
lo mío es un tema superficial
como bien lo dijiste
era caminar sin GPS a tientas

Sobre los abismos enormes
de tu hermoso cuerpo,
comienzo a pensar
que tu brazo ya no será
la bufanda que me acompañará
en mi camino

Ni tus palabras que me hacían
sentir tan bien, pero era pedir mucho,
cuando camine
solo y sienta que algo me roza
el hombro,
no pensaré que eres tú,
si no un repentino golpe de viento.

Conque ganas te pienso

Pensar en ti
es un placer divino,
te siento cómo vienes
a mi memoria

Cómo te rindes
a mi ardiente pensamiento,
y me das tu gran
consentimiento

En la distancia,
más que nunca
me ayudas, y vienés hacia mí;
me enseñas gratos recuerdos

Me provocas con las delicias
gratas de tus encantos,
incitándome con tu belleza,
a que pueda yo seguir soñando

Unidos al pensarte
comienzo en mi mente
con ansiedad a dibujarte,
y dulcemente a besarte

Con un beso tan profundo
que curas mi alma,
Reina de mi vida,
los dos, solo los dos,
como un beso vives en mi alma.

"El poeta" declamando en la Universidad del Sur de California.

La góndola del amor

De traiciones y golpes yo regresé al amor, vida mía; a tu voz, a tus poemas, a tu mano, al fuego de tu cuerpo de guitarra, a la circulación de la luna en el cielo.
Para todos los hombres que sufrieron abusos en la tierra; pido paciencia y comprensión que algún día cuando menos lo piensen y donde sea que se encuentren, el amor verdadero llegará y ese día será para siempre amigos míos.
Que de Sur a norte se abren los caminos y de este a oeste el calor de una sonrisa se dibuja.
Por eso toca el vals de la serena luna, la góndola en el mar, navega serena y tranquila; para todos los humanos pido paciencia y ventura, pues yo navegué en esa góndola por aguas turbulentas. Hasta que un día apareció en mi vida el ángel que ahora camina de mi mano y renunciar a ella no puedo sin morirme.
¿Quiénes se aman como nosotros?
Dime tu vida mía.

RECUERDOS de aquellos
tiempos de conversaciones
y mucho respeto

La señora es muy bonita,
y no sé por qué razón
al mirarla palpita
con mucha fuerza mi corazón

Es tan bonita, tan suavecita,
tan cariñosa que cada vez
qué me miro en ella,
algo tan bonito en mi pecho
se agita y mi razón me dice;
es tan bonita, es tan bonita.

El declamador de América

Soy el declamador de América,
autóctono y salvaje,
mi lira tiene un alma,
mi poema un ideal

Mis versos no se mecen
colgados de un ramaje,
con un vaivén pausado
de hamaca tropical

Cuando me siento inca,
le rindo vasallaje al sol,
que me da el cetro de
su poder real

Cuando me siento hispano,
y evoco el coloniaje,
parecen mis versos
trompetas de cristal

Mi fantasía viene
de un abolengo español,
Los Andes son de plata
pero el león es de oro,
y las dos castas fundó
con épico fragor

La sangre es española
incaico es el latido,
y de no ser poeta,
quizás yo hubiera sido
un blanco aventurero
o un indio emperador.

Un Fantasma que se fue

Yo no quiero que nadie,
a mí me diga;
que de tu dulce vida
ya me sacaste

Mi corazón un poco
de compasión pide
para poder palpitar

Yo no quiero que nadie
imaginé, cómo es de triste
y honda mi soledad

En mis largas noches,
cada minuto es una eternidad,
cada tic tac es un dolor

En la oscura sombra
de mi pieza al creer
que un día volverá

A veces me parece
que las manecillas del reloj
se detienen y no se mueven

A veces me parece
que tocan la puerta,
abro y nadie está en el umbral

Es un fantasma que crea,
que se imagina mi ilusión,
y va dejando cenizas en
mi corazón

En la blanca esfera del reloj
las horas se niegan a pasar,
parece que se burlarán de mí

Como diciendo ella nunca
volverá, ella ya te olvidó,
sin ella te has quedado

Ya nunca la verás,
es solo un fantasma,
que se fue.

Mi Coco linda

Quisiera hablarte
mi linda Coco,
quisiera hablarte,
y que me entendieras

Quisiera decirte tantas cosas,
y que tú me respondieras
quisiera decirte; Coco eres bella;
como la mañana, eres bella

Como la tarde eres hermosa,
y como la noche preciosa,
parece que me escuchas
y me lanzas una pregunta

¿Are you ok?,
"I love you papo", repites
cuando me ves alejarme de ti

Te ríes como mi flaquita,
me besas como mi chaparrita,
y eres alegre y feliz como
mi pancita

Mi corazón se sonríe contigo,
te quiero como una hija,
mi Coco linda.

"El poeta" y su Coco linda.

Yo sin ti

Yo sin ti no soy nadie,
tú eres mi todo,
¿A dónde iría el agua,
si no existiera el cause?

Mujer mía, mujer mía,
hombre tuyo,
una mujer y un hombre,
todo un mundo

Y todo un más allá
de eternidades,
tuyo como el aliento
de tu vida

Mía como mis huesos
y mi sangre, entre los dos
podemos engendrar
universos inmortales.

ME GUSTAS, por cómo me miras,
me gusta el perfume de tu pelo
y la sonrisa de tu cara

Escucho mucho las historias
de tu cocina, esos platos
tan exquisitos que preparas
con ese vaivén de tus caderas

Prepara uno de tus platos
favoritos, porque esta noche
con una botella de vino,
tendremos fiesta y de la buena.

Dos lágrimas

Hasta el domingo pasado
no sabía vida mía; cuánto te amaba
no sabía el sentimiento
que en mi alma se ocultaba

Dos lágrimas mojaron mis mejillas,
y en tu cara vi un rictus de dolor;
que se asomaron en mi agonía
y desvelaron mi amor

Con mucho miedo por no revelar
mis sentimientos,
y con una vergüenza,
que me caló hasta los huesos

Me enfilé hacia la playa,
mirándote las mejillas mojadas
por las lágrimas vertidas

Quise darte mi vida como
si fuera un ser supremo,

y aliviarte el dolor, para
que tu alma desnuda se reflejará
en las estrellas que colgadas
del cielo iluminaban tu cara

Te vi así arropada en la luz de la luna,
con los labios apretados,
y mi corazón congelado
como rompiendo el silencio,
aguantando tu dolor,
sin ninguna queja

No sufras vida mía ,
ni llores por mi culpa, que yo siempre
estaré cobijándote
con mi manto de amor

Tú eres el amor de mi vida,
de mi hermosa vida qué
iluminada esta hoy, por ti
mi Reina querida.

Poema a la madre

El día de las Madres,
es sin duda especial,
y mi hija con sus hijos,
una linda mesa adornará

Mi hija con sus hijos,
formarán ruedas de alegría,
celebrando a la que les dio,
la vida un día

Y yo que estoy en todo y nada,
y que piensan que en nada me fijo,
junto al mantel familiar,
pondré flores, con amor
y con respeto para mi madre
bendita mujer,
que la vida me dio

Hermosas, flores le daría,
blancas, como el alma,
que en su pecho, como
hermosa ave volaría

Las quiero blancas,
muy blancas como el alma,
de mi madre,
hoy es el día de las madres,
y mis versos
vengo a entregarles

Y aunque la mía al cielo se fue,
yo necesito estas flores,
pues las quiero derramar
junto al panteón familiar

Rodando muchas lágrimas,
y muchos recuerdos,
en este tu día yo te vengo
a entregar y a decirte
Con toda mi alma:
Dios te bendiga Mamá
por los besos que me diste,
y por el dolor que por mis faltas,
en silencio tú sufriste

Por todos tus sacrificios,
cuando ingenuo,
dueño de la verdad me creía,
y equivocado me sabías
pero eras mi madre y solo,
nunca me dejarías

Hasta de yapa,
cuando con los zapatos por jugar,
sucios llegaban ,
un beso en la frente, tú me dabas
y del regaño de mi padre,
con amor tú me salvabas

Con amor noche a noche
para dormir me esperabas,
como la luna espera al sol,
en una noche estrellada

Por todo lo que me diste,
por todo lo que tengo hoy,
orgulloso estoy de ti y
de todo lo que yo soy
en este tu día,
Dios te bendiga mamá.

La Sra. Rosita, la amada madre del poeta.

Carta a mi madre

Querida madre, te escribo esta carta para decirte lo mucho que te extraño; quiero que sepas que a pesar del tiempo me hace falta tu alegría y tu amor.

Dejaría todo por un momento para estar contigo, sentir tus manos acariciando mi cara, y tener tus manos entre las mías.

Querida madre, hoy te recuerdo y mi corazón te busca, cuando te fuiste sentí que sin ti la vida era más difícil, tengo tantas preguntas sin respuestas.

Debes de saber que, me diste la fuerza para ser lo que soy, que siempre me ayudaste a caminar con la frente en alto. Me diste con tu amor la certeza de saber de donde vengo,
y hacia donde voy.

Al mirar tu retrato recuerdo que fuiste tú quién me ayudo a encontrar mi voz y ser declamador, siendo muy pequeño me motivaste a declamar mis poemas; me mostraste con tu amor que dentro de mí estaba creciendo la pasión por la poesía, y naciendo un poeta.

Tu amor, madre mía, es el amor que nunca se olvida, que vivirá en mí hasta el día de mi partida.

Tú me diste la vida, y la llenaste de fe, esperanza y amor.

Quiero que sepas que daría cualquier cosa por sentir tu beso cálido en mi frente.

Gracias por ser mi amiga, mi consejera y el amor más puro y sincero que mi corazón de hijo pudo tener.

Descansa en paz, que yo seguiré adelante, siempre con tu bendición, y honrando tu ejemplo de amor y respeto a la vida.

Querida mamacita, quiero que sepas que nunca te fuiste, porque vives como el amanecer en un nuevo día, por siempre en mi corazón.

Con amor
tu hijo
Benci.

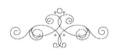

Mi querido viejo

¿En dónde te hallarás viejo querido?
pero dondequiera que estés habrás de oírme,
sé que fuiste una luz de gran reflejo,
por lo que hoy he logrado decidirme
a decirte lo mucho que te quiero

Expresarte lo mucho que te extraño,
que recién comprendí
tu amor sincero;
que mi torpe ceguera fue un engaño

Comprendí tristemente con los años
tu gran amor, pero hoy no estás conmigo,
que me amaste, que no fuimos extraños,
que fuiste para mí el mejor amigo

Más extasiado en plácidos amores,
y al máximo exaltado los sentidos,
la vida es un amor de hermosas flores
y los valores duermen en olvidos

en esa edad yo fui muy imprudente y
pensaba que el mundo estaba en mis manos

Ahora, que soy padre, abuelo
esposo, amigo y consejero, te recuerdo
con una desesperación amorosa, te
pido tu bendición, padre mío.

Sr. Luis García Zapatero, Padre del poeta Wenceslao.

Carta a mi padre

Te quiero papi con todo mi corazón y perderte, fue como perder mi vida; eres algo indispensable para mí. ¿No entiendo, por qué esto me paso a mí, que he hecho mal? Creo que nadie entiende que son muchos años sin ti.

La vida da muchos palos, pero a veces parece que me los da todos a mí. El 23 de noviembre de 1973, mi vida cambió, te fuiste sin despedirte, y eso es lo que me mata también lentamente.

No poder decirte lo mucho que te quiero y adoro; que eres lo más importante que mi corazón de niño tenía; pero te fuiste y no pude decírtelo.

Ahora lo más cerca que puedo estar de ti es a través de una pequeña pared, en un lugar triste y callado donde las almas descansan, pero quiero que sepas, que nunca he querido pensar que estás ahí; por qué mi corazón insiste en sentirte siempre cerca de mí.

Quiero que sepas que es injusto, que un muchacho se quede sin su padre, en su tierna juventud, sin esa sonrisa que tu rostro iluminaba. Fue muy difícil seguir adelante sin tu sabiduría y amor.

Es muy duro no poder abrazarte, saludarte y comer contigo; tal vez por eso no entiendo; el cómo existen algunos hijos, que se enojan con sus padres, no los visitan, no los quieren, creen que pueden juzgarlos y condenarlos por sus errores. Pero algún día ya no estarán y será tarde para quererlos; por qué ahora que no estas, daría lo que sea por tenerte un momento conmigo.

Es increíble que a más de 50 años de tu pérdida, aún siga pensando que tomaré un avión y que tú y mi madre me recibirán en nuestra Lima querida con los brazos abiertos.

Sé que es un sueño, un deseo de mi alma, sé que es ilusión, pero me gusta pensarlo, por qué me hace feliz.

Quiero que sepas que todo lo que soy es gracias a ti, y a mi mamacita, quiero que te sientas orgulloso de mí, y que dondequiera que estés tu cara se ilumine una vez más al saberlo.

Con amor;
tu hijo Benci.

padres míos

Padres míos, iluminen mi destino,
denle un poco de luz a mi camino
viertan mucho calor y mucho tino,
para poder encontrar una estrella,
que me guíe hasta la muerte

Quiero encontrar un amor
que me redima, y que mi vida
alumbre con su luz inerte;
apiádense de mí, y que mi mal
no dure toda la vida

Mi alma está muy sola
denme un poco de esperanza,
que no se vaya al arcano sin
haber encontrado una buena
compañera en un día no muy lejano

Ya no aguanto más esta soledad
que me carcome el alma encendida

no quiero morir solo, morir de este mal
extraño, por favor, padres míos;
dejen la luz encendida

Al cielo y a ustedes, mis viejitos
lindos, doy las gracias por haberme escuchado,
ahora tengo un amor, bueno y puro
ya no estoy triste, tengo a mi Reina,
y por siempre de ustedes su bendición.

*Sr. Luis García Zapatero y Sra. Rosa Parra
padres del poeta Wenceslao García Zapatero.*

Despedida

En esta despedida, padres míos
les ofrezco mi agradecimiento
y mis lágrimas también,
no me malentiendan, son de amor
y no de malestar

No pudimos despedirnos,
y les escribo para decirles que;
fueron los mejores padres
del mundo y que los amaré
cada día un poco más

Sé que me dieron lo más hermoso
de ustedes, que cada día trabajaban,
y nos cuidaban con toda la fuerza
de su alma y corazón

Sé que en la quietud de mi cuarto,
me bendicen cada día,
me cuidan, y protegen mis pasos,
para del peligro siempre
mi vida alejar

Su bendición, padres míos
acompaña a mis hijas,
a mis nietos y a la mujer que amo,
su amor nos cuida a todos cada día

Ahora que saben padres míos,
lo que les quería decir,
me despido tranquilo y en paz,
y sé que ustedes en la inmensidad
del cielo por siempre vivirán

Queridos padres,
los querré para toda mi vida
y un poco más haya;
los amaré toda la eternidad.

Paciencia

¿Qué fue de nuestro amor?,
después de tanto tiempo;
¿Qué fue lo que pasó?

El frío del invierno ha congelado
mi tierno corazón,
perdona, no me siento bien
porque de ti me enamore

No culpemos al tiempo,
es preciso el momento
para poder hablar

Son cosas del destino,
que a uno con el tiempo
le puede suceder

Paciencia te pido señor,
paciencia, porque hoy
tengo la esperanza
que algún día,

juntos de la mano
podamos caminar
prometo portarme mejor,
¡paciencia mi Reina!

La vida está llena de engaños,
no arrastremos nuestro amor,
yo te seguiré amando,
aunque pasen los años.

Levántate

Solos en la sala fría de un hospital,
les aterra al pensar que el coronavirus
con su vida terminará,
les quema como el más cruel
de los fuegos

se desliza en su cuerpo
como una hiedra que crece,
y crece en sus entrañas,
me retumban sus lamentos

muere el hijo, muere el padre,
muere el joven y también,
también muere una madre

el mundo entero por un virus
se colapsó,
la desolación del que llora
por el que ama,
el miedo y la angustia carcome
la mente y
mutila el alma

No te niego que también
tengo miedo,
más cada día,
con mi cubrebocas
salgo al mundo y me enfrentó
a lo que nos toca

Benditas las manos que trabajan
para llevar a sus hijos el pan a su boca,
no te des ya por vencido,
que este virus no nos gana

Levántate que no se lleve la fuerza
qué juntos tenemos para seguir adelante;
coronavirus no te temeré,
pues yo, con mi vida, adelante seguiré.

Reina

Cuando te veo amor, tan deslumbrante
como una flor en primavera,
y cuál césped con rocío en la pradera
mi corazón se llena de amor desbordante

Como la luz radiante de un diamante,
cuando caminas con paso caminante,
que van pisando sueños por la acera
y mueves con asiduo tus caderas,
que me trastorna el corazón amante

Cuando te tengo al fin aquí, en mi vera
y aspiro entre mis brazos el fragante
perfume de tu boca compañera
pienso que tengo con tu amor
bastante, y que si un
un solo día te perdiera,
se acabaría todo para mí,
en un instante.

*POCAS cosas más claras
me ha ofrecido la vida,
que esta maravillosa libertad
de quererte*

*Porque mi amor no tiene
ni horas ni medidas,
si no una larga espera
para reencontrarse
contigo*

*No tengo sino labios
para decir tu nombre;
y así voy aceptando mi destino*

*El de un hombre que sabe
sonreírle a la espera
que le devuelva
su Alegría.*

Memorias de un poeta *Wenceslao García Zapatero*

Pensar en ti

Conque ganas te pienso,
conque ganas te pienso,
pensar en ti
es un placer divino

Te siento cómo vienes
a mi memoria,
cómo te rindes
a mi ardiente pensamiento

Tu gran consentimiento,
en la distancia
y más que entregarte,
me ayudas

Vienés hacia mí,
me enseñas gratos recuerdos,
me provocas con las delicias
gratas del pasado

Incitándome con tu belleza,
me invitas a que hagamos
lo que quiero;
unirnos al pensarte

Y comenzamos con un beso
tan profundo; que te grabas
en mi alma, los dos,
solo los dos, en un solo beso

Conque ganas te pienso,
conque ganas te pienso.

Afortunado

Afortunado, que nadie
se halla dado
cuenta lo buena, y
hermosa que eres

Afortunado, que nadie
haya podido darse cuenta
lo mucho que vales

Tal vez, quiere decir
que yo soy especial, y
eso me llena de amor por ti

Sigue escribiendo,
sigue brillando,
sigue viviendo plenamente,
sigue siendo exactamente
como eres; una Reina

Juntos contemplaremos
la caída del Sol,
desde la ventana

Juntos plantaremos
árboles frutales y
cosecharemos el fruto
de nuestro amor

Cada día será más hermoso,
juntos caminaremos,
y gritaremos al mundo entero,
que seguimos adelante

Aunque la gente nos critique
y traten de separarnos,
seguiremos adelante,
gritando a los cuatro vientos,
este amor que como
un himno crece en nuestros adentros.

Lamento de un Peruano

Cuando yo deje este mundo,
cómo todo ser humano me iré
con una alegría tan grande,
por haber nacido peruano

Pido que en mi funeral
me prendan más de una vela,
que me canten
"El cóndor pasa",
y la flor de la canela

Cuando me estén enterrando
quiero que sea algo bello,
que me canten "El Plebeyo
y pediré me entierren en Lima

Les pediré un favor,
sí les gustan mis poemas,
que me hagan un novenario
en el recinto de Machu Picchu

Que me entierren de noche
que me lean un poema,
que escriban sobre mi cripta
el siguiente epitafio:

"Que además de ser peruano,
es mi orgullo haber nacido en Lima",
y cuando descanse en la fosa
y mi alma agarré vuelo,
en vez de un ángel
que un cóndor me lleve al cielo

Pero si voy para abajo,
escuchen bien lo que hablo
muy tranquilo y sin relajo,
así yo le diré al diablo

Prepara tu voz cornudo
prepárala porque tú
cantarás conmigo
"Viva el Perú Carajo"

Si no lo cantas bien,
te disculpas y te hincas
respetarás malvado,
al Imperio de los Incas

Ahora vas a beber
pisco y chicha en una cantina
y vas a cantar conmigo:
"Cuando llora mi guitarra"

No importa para dónde vaya
sea arriba o sea abajo,
gritaré todos los días:
"Que Viva el Perú Carajo".

Machu Picchu en Perú.

QUE me entierren de noche
que me lean un poema,
y que escriban sobre mi cripta
la siguiente leyenda:

"Que además de ser
peruano, es mi orgullo
haber nacido en Lima"

Cuando descanse en la fosa
mi alma agarré vuelo,
en vez de un ángel
que un cóndor,

me llevé al cielo.

El florero se rompió

El florero donde yacen las flores
de un solo golpe se trizó,
el golpe debió ser suave
pues no mucho ruido se sintió

Más aquella trizadura
recordarla fue fatal,
su destrozo imperceptible fue seguro,
y lentamente el cristal tronó

Por allí filtró el agua
gota a gota, y las flores
muriendo están,
ese daño tan grande,
nadie lo sintió
por favor, no lo toquen
que bien roto, está

Así duele la mano más querida
que con leve toque

destroza el corazón,
y ya perdida ve la brisa
del amor pasar

Ella que se fue sin ver
la herida fina y honda
que su mano causó,
déjenla no la juzguen
se marchó muy oronda

Pero por favor,
no toquen,
el florero que bien roto está.

Bohemio

Yo era un bohemio que
paraba en las lunadas,
en la mundana vida,
y en las bocas recién
pintadas

En mi loca juventud,
todo era, complacer
a las que mis poesías
querían escucharme
declamar

Mujeres que mis poemas
querían inspirar, y
poder conmigo estar,
era tan fácil, que nunca
me pude enamorar

De verso en verso
la vida se me evaporó ,

hasta que me quede
tan vacío, como el humo,
que sin aviso del puro
un día sin avisar se esfumó

Una mañana, de mayo
me miré con ansia al espejo ,
pues sentí curiosidad por
mi faz y mi reflejo

Al mirar mi rostro entero,
el ceño fruncí, te digo
la verdad mi hermano,
no me gustó lo que vi

Tenía arrugas en mi frente,
en mis ojos un débil mirar
y sentí, que mi boca tenía
un rictus de dolor, que
me negaba a enfrentar

Los labios que ayer besaban
con tanta pasión ,
pero nunca con amor
secos pedían, compasión

Labios que pedían
conocer un amor sincero,
y bueno, que los hiciera

Vibrar , que los llenará de vida
y de un dulce despertar

Y un día de junio, el cielo
los escucho, y apareció
ella, envuelta en su poesía,
con su belleza y juventud
trayendo a mi vida
alegría y mucho amor

Traviesa me apretó el alma
y comencé a creer otra vez
en mí y en el mismísimo Dios,
con sus caricias y su fineza
cambio mi vida y el amor;
en mí floreció

Ahora soy un hombre
diferente, que pide
a la vida una oportunidad,
para poderla amarla

Un hombre enamorado
que quiere robarle años,
como un ladrón a la vida
los años perdidos, sin
castigo por ello desear

Atrás quedó, desde su llegada,
el bohemio que no hacía, nada más
que beber y declamar

¡Yo por ella, amigo mío!
hoy sé, lo que es, con toda el alma,
a una mujer, amar.

El amor nunca se puede ocultar, brilla como el sol.

La vejez

La vejez me llegará lentamente y llegará distraída,
probablemente dormido
sobre un colchón de laureles

Se instalará en el espejo; inevitable y serena, empezará
su faena por los primeros bosquejos

Con unas hebras de plata me pintará los cabellos,
y alguna línea en el cuello me tapará la corbata,
aumentará mi codicia, mis mañas,
mis antojos y me darán un par de anteojos
para leer mi destino

La vejez está a la vuelta de cualquier esquina,
ahí donde
uno menos se imagina, se nos presenta por primera vez,
la vejez es la más dura de las dictaduras,
la grave
ceremonia de clausura, de lo que fue la juventud
alguna vez

Con admirable destreza, como el mejor artesano,
le irá quitando a mis manos toda
su antigua firmeza y asesorando al galeno,

me hará prohibir el cigarro,
el whisky porque dirá, para evitar el catarro

Me inventará un par de excusas para menguar
mi tristeza, que vale más la experiencia
de pretensiones y excusas, y llegará la bufanda,
la bata, las zapatillas de paño y el reuma, que año tras año
aumentara su demanda

La vejez es la artesana de lo inevitable, el último camino
transitable, ante la duda que vendrá después

La vejez es todo un equipaje de una vida dispuesta en la
puerta de salida, por la que no se puede, ya volver

A lo mejor más que viejo, seré un adorable anciano
tranquilo, y lo más probable fuente de consejos,
o a lo mejor la vejez,
me apartará de la gente y cortará lentamente mis
ultimos versos

La vejez está a la vuelta de cualquier esquina,
ahí donde menos uno se imagina,
se nos presenta por primera vez

La vejez es la más dura de las dictaduras,
la grave ceremonia de clausura, de lo que
fue la juventud, alguna vez.

Memorias de un poeta   *Wenceslao García Zapatero*

Beso robado

Yo de ti robé un beso,
como la sombra a la noche,
que te tomó de sorpresa,
haciéndote de el su presa

Tu boca deseaba ya la mía,
tal vez con más fuerza
de la que yo mismo creía

Con la ilusión de saber de mi vida
con ansias contenidas
aprisionaste mi beso

Yo tomé ese beso
que tú quisiste regalarme;
y mi boca disfruto sin pudor
lo que tú me regalaste

Porque tú también lo deseabas,
amada mía,
lo deseabas como se desea
la fruta prohibida

Como una estrella
que en plena noche
de luna llena
te espera para llenarte de ella

Nuestros besos se convirtieron
en calderas de fuego;
que estremecieron tu cuerpo,
y atolondraron mis sentidos

Hay pequeña mía,
eres como un pedazo de cielo,
que en mis manos se convierte
en el más grande de mis anhelos

Por ese beso robado
es que llevamos penitencias,
condenados a cumplirlas,
sin redención ni piedad

Como el sentenciado al calvario,
que no se puede,
ni se quiere silenciar

Son tus besos los que llevaré
por siempre latiendo
con mucha pasión, en mi corazón,
atados a mi cuerpo,
por el resto de mi vida

¡Te lo juro, te lo juro,
por la madre mía!
Que todo comenzó por ese beso
que te robe, aquel divino día

Ven conmigo vida mía,
que te llevaré
¡A las inmensas lejanías!
Caminaremos juntos por la vida

Tu sonrisa será mi camino y
mi mano tu destino;
seremos como caminantes
que recorran el mismo camino

Tal vez el mundo entero no entienda,
y nos trate de juzgar por esta locura;
no desfallezcas niña mía
que tú eres mi alegría,
y el porqué de esta vida mía

Te prometo, Reina mía,
que nuestra ilusión
seguirá por siempre latiendo
en nuestro corazón

Se alimentará del fuego
que nace de mi pasión,
y todo por ese beso robado
que tú, respondiste

Convirtiéndolo
en el más grande regalo,
que Dios, que Dios,
¡ami, ami!, me ha dado.

"… Nuestro amor seguirá por siempre latiendo en nuestros corazones."

Libertad de quererte

Pocas cosas más claras
me ha ofrecido la vida,
que esta maravillosa libertad
de quererte

Porque mi amor no tiene
ni horas, ni medidas,
si no una larga espera
para reencontrarse contigo

No tengo sino labios
para decir tu nombre,
y así voy aceptando mi destino

El de un hombre que sabe
sonreírle al rayo que lo ha herido,
y que en la tierra espera
que vuelva su alegría.

AUNQUE sé que no debo amarte,
aunque deba tratar de olvidarte,
no puedo luchar contra el cariño
fuerte que por ti siento

Nada más dulce en mi mundo aparte,
que la dicha divina de quererte
y mi pena mayor es no
poder mirarte

Pero sí, un día por mi buena suerte
surgiera el milagro de poder amarte,
por la infinita gloria de tenerte

Haría un altar divino, aquí
dentro de mi pecho
para seguirte amando y
tenerte junto a mí, en mi lecho.

Memorias de un poeta   Wenceslao García Zapatero

El hombre maduro

El verdadero atractivo del hombre
aquel atractivo que perdura,
es sin duda el del hombre maduro
pues a esa edad se sabe lo que se quiere

Ya tuvo amores, alegrías
y desengaños
por su experiencia
se vuelve selectivo, no quiere sufrir más
no se deja llevar por un de repente

Quiere saberse amado, quiere ser conquistado
aunque sea un amor de momento
que tal vez resulte un tormento, pero
tiene que ser sincera, y debe haber sentimiento

Y aunque no perdure, que sea eterno lo que dure
no quiere aquel amor que lo aprese,
no tiene que ser controlado, o antes en preliminares
pero bien demorado, o durante que sea delirante,
y el después que dure bastante

Nada de aquello de cambiar para un lado
u otro porque es frustrante,
tiene que ser con bastante cariño
muchos besos, muchos mimitos o antes
o durante y el después tiene que ser con amor
con bastante amor, y bastante calor

Tiene que saber amar, la que a un hombre
maduro quiera conquistar,
el quiere compañía, con mucha armonía y
quiere vida compartida

Es hombre de tomar decisiones,
tener su espacio, y ser respetado
quiere amor, quiere cariño y consideración

En fin, quiere ser tratado como un hombre
que sepa escoger su camino, que siempre
supo vivir, quiere apenas tener
el derecho de ser feliz

Es la mejor edad, es la edad de la razón
en ese amor que hace
bien al corazón, es aquella madurez que da
la razón al sentimiento y lo privilegia.

Te amo

La luna nos contemplaba
y nos iluminaba con sus rayos,
de luz y yo te contemplaba
con tan honda algarabía

Te hacía llevar la mano
al corazón y de suspiros,
llenábamos el instante
de ese hermoso paseo

Tan sincera expresión;
tu perfume se quedó grabado
en mi corazón y yo en tú
alma pura, mi dulce amor

dos almas en un solo suspiro
era tan hondo el silencio
que se podían escuchar
el sonido del corazón

La noche misteriosa nos atraía
como tálamo y como fosa;
fue tan lindo el momento
como el rocío se une a la rosa

Que mirándome a los ojos
me dijiste no me importa
lo que diga la gente;
deseo estar contigo por siempre

Seguimos caminando
tú de mi brazo
suave y fresca,
me ofreciste una sonrisa

Como se ofrece una flor,
en un tierno beso,
nos fundimos, para con el decirnos,
en silencio:
Te amo, mi amor eterno.

Una palabra

Una palabra, estoy temiendo
que nunca pueda decírtela,
una palabra puede cambiarlo
todo y puede destruir mucho

Una palabra puede doler tanto,
puedo no decírtela nunca,
pero temo también
que un día te la diga

Una palabra que no cambie nada,
una palabra puede hacer
que te niegues, hacer que te alejes

por nuestro bien, o por el mal mío
según pienses una palabra
puede hacer que me correspondas,
para nuestro mal o por el bien tuyo

Una palabra puede hacernos
tan felices o tan desgraciados,
una palabra puede hacernos
conocer lo posible y lo imposible

Una palabra puede hacernos ricos,
con la riqueza del amor,
ofrecernos, una palabra qué te diga
lo mucho que te amo

Una palabra, al oído solamente
y que nos dejara tan tranquilos
o sumergidos en un profundo abismo,
solo una palabra.

Una pregunta

Amor, con una pregunta,
quise apagar una lumbre,
yo he vuelto a ti
con una incertidumbre,
te quiero cerca como
la espalda del espino,
pero tú te empeñas
en alejarme de tu destino

amor mío compréndeme,
necesito amarte,
te quiero de ojos a pies,
con las manos y con las uñas
por dentro, por fuera,
como el té de canela,
que con su aroma
hace que yo te quiera

Soy yo el que golpea tu puerta,
con la mano extendida
no, no es el fantasma que antes,
tu mirada se robaba

Soy el que un día se detuvo en tu ventana,
yo soy, el que por ti,
mujer tiró la puerta abajo
yo, por ti, entro en toda tu vida,
y te dejo mi alma encendida

Vengo a vivir en tu alma,
sediento de ti yo estoy,
rechazarme sería muy bajo,
mujer, tienes que abrir la puerta,
y dejarme entrar,
tienes que abrir el alma,
para en ella yo poder anidar

Tienes que abrir los ojos,
para poderme mirar,
para que busque en ellos,
y así poderte encontrar,
tienes que ver cómo ando
con pasos pesados,
por todos los caminos
que a ti mujer me han llevado

No soy el forastero ni el mendigo,
que a tu puerta ha venido
soy tu amor, soy el hombre
que se grabara en tu destino
el que tú esperabas,
con su corazón encendido,

como el sediento al arroyo
en la mitad del camino

Ahora entro en tu vida,
para nunca salir,
Seré tu amor, amor,
ese amor que beberás
como el más deseado
de los mejores vinos.

*CADA mañana escritora mía,
cantaré a tu oído,
besaré tu frente, tus manos
y te daré el primer beso al despertar*

*cuidaré y antes de iniciar el día
un poema de amor,
a tus ojos declamaré,
para que puedas sonreír
al despertar*

*Miraremos el cielo,
y los pajarillos volar,
y la estrella que traviesa
se olvidó con la noche irse
a descansar*

*Juntos declararemos,
al nuevo día, el amor
que en nuestras almas
también, como
el sol despertará.*

Memorias de un poeta *Wenceslao García Zapatero*

Mi calle: Jirón Yavari

Calle de mi barrio,
que fue mi pasado,
y de mi aroma se ha
quedado impregnado

Tantos recuerdos que evoca,
aquellas fiestas que
se celebraban, en mi barrio
con los amigos y coplas

Cumpleaños de alguien,
y yo, con mis poemas,
pretendía a todos alegrar,
con una canción,
mi alegría, y mi cantar

Calle de mis noches,
más alegres y recordadas,
y sé que algunos de los amigos,
siguen recordando
aquellas inolvidables tardeadas

Yo llevo sus aplausos, y su alegría,
Jirón Yavari, barrio recordado
de mis días de bohemia,
y de la juventud mía

Perdona los malos momentos,
de mis travesuras de niño,
te extrañé ya tanto, que mi voz
se ha quebrado con mi llanto

Por esas calles caminando
donde temprano,
el pan iba a comprar
para mi familia alimentar

Mi madre, ángel santo
con una sonrisa,
me esperaba para el
almuerzo empezar

Pobre mi madre, querida
tan buena y tan linda,
sus ojos se preñaron de lágrimas,
cuando me vio partir,
para mi propia vida vivir

Barrio de mis amores,
cuando me fui,
no sabía lo mucho,
que te quería,
era solo un joven, que
al mundo por fin salía

Barrio querido estoy
en deuda contigo
pero, cuando volví
con Marco y Bartola
al programa
"Una y Mil Voces" ya nadie
se acordó de mí

De aquel joven poeta que
nunca se olvidó de ti,
han pasado tantos años,
que ese día lloré,
mi voz a lo lejos en un
bosquejo grabé, las lágrimas limpié y
a mi hogar regresé

Fuiste testigo, calle mía,
del amor puro y limpio
que en mi corazón creció,
con la tierna voz

Memorias de un poeta *Wenceslao García Zapatero*

de mis hijos, era yo muy joven
pero por ellos nunca me rendí,
sus abrazos y su amor,
me dieron la fuerza para
alejarme de ti

Calle mía, sabes que un día
a ti regresaré, pues
te quedaste con mis versos,
por los que algún día volveré.

El poeta con sus hijos Luis, Rosie y Benci.

Los nietos

En los nietos se alarga la vida,
hacia unos límites de amor
que no se soñaron
los hijos fueron el testimonio,
los nietos la confirmación,
por eso se quieren tanto

Un nieto es un anhelo convertido
en realidad a el le damos
los besos qué tal vez no le
dimos a los hijos,
ellos nos dan los besos
que quizás ya nadie nos dará,
allí se reedita la juventud y el corazón

Con el beso de un nieto,
el corazón palpita vigorosamente
como si fuera un feliz adolescente

Con un nieto en los brazos
tenemos el gozo que se nos
quiso escapar un día,
tenemos amor verdadero

que nada pide y todo nos da,
es verdaderamente maravilloso

Vivir esos retozos de los nietos,
sus infanterías que nos llevan
a otros mundos
concierto de sus risas sonoras
con los nietos se revive la historia
del amor, y el alma
vuelve a florecer.

El poeta con su querida nieta Bella.

Las Calles de mi ciudad sombría

Son las 5 de la tarde
y en mi mente bullen
los recuerdos de las noches,
en que agarraditos de las manos
caminábamos por las calles
de mi ciudad, ahora sombría

Loco de amor, abrazado a ti
como un niño amarrado,
a tu cintura con un lazo
caminaba a tu lado enamorado

Tu pegada a mi brazo,
con una inquietud secreta
de tu alma echa para mi poesía;
tu escritora y yo poeta

Yo junto a ti sintiéndome poeta
más que nunca y gritando
al mundo entero,
la amo, la amo, y es mi vida entera

La sangre en mis venas ardían
de pasión desecha,
la gente en las calles nos miraban;
exclamando; "¡cómo se quieren!

Esa noche fue nuestra
nos sentíamos dueños del mundo,
y no nos importaba nada
más que el uno y el otro
por eso que recuerdo
esas calles de mi ciudad sombría.

La tristeza del bohemio

En una cantina de un pueblo, en los suburbios de la gran ciudad, bebiendo se encontraba un alegre bohemio, pero esta vez no estaba alegre, se le veía sollozando amargamente, y en sus manos tenía una carta, era de su hermano, le comunicaba que su madre había muerto de un ataque al corazón.

Gruesas lágrimas rodaban por las mejillas, una copa de vino sorbía con un rictus de dolor, como un zarpazo terrible que le rasgaba el corazón, acababa de llegar de su tierra, trabajando día y noche para traerla a su lado,
la amaba con toda su alma.

Su viejita era toda su pasión; era triste verlo solo en un rincón, con la cabeza baja, recordando al ser a quien tanto amó, lagrimeando y gimiendo con dolor, "mamá mía, mamá mía" decía, por qué te fuiste sin mí,
por qué no te pudiste despedir, por qué te tuviste
que morir.

Lloraba y lloraba con mucho amor,
tenía un dolor en el alma que le quiere reventar, nunca, nunca
querré a nadie como te quiero a ti.
Así lloraba el bohemio recordando al ser que tanto amo.

El poeta y su amada mamá.

A mi manera

¿Cómo quieres que recién te diga,
lo que siempre te he estado diciendo?
En verdad, no sé, si estoy confundido,
lo que siento por ti, no es solo amor,
es más que eso

No sé por qué, si tengo tanto amor,
que el corazón, me queda chico,
me falta más amor que recibir,
en verdad no entiendo eso

No lo pretendo esconder,
ni esconderlo he podido,
lo que siento por ti, es atracción,
pasión, locura, deseo
es algo más que amor,

Es un inmenso cariño
una enorme admiración,
y un tremendo respeto

Lo creas o no te amo,
a lo que aquí estoy diciendo,
solo puedo agregar que casi,
ni yo me lo creo

La gracia tuya ha sido robar mi corazón
y yo cumplir de ese robo
el injusto castigo

No me vas a prohibir soñar,
ni que te incluya en mis sueños,
no me quieras despertar y
a la vez tenerme durmiendo

Pon atención a esto;
no quieras como tú quieres,
quiere como otros quieren
que a ellos los quieras,
pero seguir mi propio consejo
para mí es muy difícil

Si tú no me dices nunca,
cómo quieres que te quiera,
si no lo haces así déjame quererte,
como yo lo sé hacer;
a mi manera.

Diálogo con el alma

Escucha, alma mía,
¿En qué otro mundo,
en qué galaxia oí tu voz?,
¿En qué planeta lento de metales,
o de nieve, vi tu cuerpo?
¿Dónde andabas?, tesoro mío

Fui agua hace mil años,
yo era un clavel y tú me regabas,
eras mi manantial divino,
yo era la pupila azul del ojo que te miró,
nuestro amor ha sido perseguido,
sin piedad, alma con alma,
atravesando cuerpos
invisibles de venas y latidos

Feroces animales, inmensos
crueles, por púas, alambres
y cercos de espinas,
por miles de cuerpos
y almas diferentes,
has sido perseguida

Espíritus con espíritus,
edificando torres torbellinos
con llantos y sonrisas
seguimos unidos

Más fuertes que nunca
con un amor que crece
cada día más y más,
que se sobrepone a todas
las adversidades y nadie,
pero nadie, podrá pararlo.

Un Pabilo

Un pabilo claro,
trasparente atrae
a aquellas personas
que están destinadas
a encontrarse

No importa el tiempo,
el lugar o las circunstancias,
el pabilo se puede estirar,
enredarse pero nunca
se romperá

Yo sé bien que los poemas
nada valen, que son labor
inútil, ignorados

Pero nací poeta y no
me atrevo a dejarlos morir
dentro de mi alma

Miro a mi alrededor,
seres raros, extraños,
cómo queriendo hacerte daño

Pretendo escapar,
pero me estrello en las rígidas
rejas de tu amor.

Ese hombre es tu padre

(Dedicado a Rosie, Roxy y Bexy)

Ese hombre que les guía por el buen camino
que les da su amor incondicional y su cariño,
para quien siempre serán sus niñas y de su mano van
marcando con el, los pasos de su destino

Ese hombre lleno de defectos y virtudes
de corazón inmenso, cálido y honesto,
ese hombre que siempre para ustedes está dispuesto,
y si lo necesitan a su lado va sin demora ni pretexto

De niñas o de adultas, es para ustedes su gran respeto,
el que las consuela cuando están tristes,
el que las apoya en sus metas y sus proyectos,
ese hombre que por ustedes todo resiste,
aunque esté lleno de defectos

Ese hombre que trabajo doble jornada
para que a ustedes, hijas mías, nada les faltara,
mi mayor regalo fue tenerlas a mi lado
para que nada su infancia perturbara

Ese hombre que trabaja con amor y empeño
para verlas luchar día a día por sus sueños,
el que les enseña cuando no saben,
las corrige cuando se equivocan,
pues las ama como el río ama a la roca

Ese hombre que a pesar de ser humano
tiene algo de ángel, porque las cuida
entre sus brazos mientras las cobija, y en su frente
con un beso su bendición les prodiga

Ese hombre que les enseña el valor de la vida
que les enseña a ser honorables y respetables
a   nunca mentir y a ser muy felices,
ese hombre que por ustedes sin pensar da la vida

Ese hombre es uno de los tesoros más grandes
que alguien puede tener en su vida,
ese hombre que sabe escuchar como buen oyente
y comprender como buen amigo y confidente

Aconsejarlas como sabio, enseñarlas como maestro
y como alumno aprender de sus   errores y aciertos,
ese hombre que les entrega una sonrisa

Ese hombre que las anima y vive de sus sueños,
ese que de niñas fingió saber   mucho
para que lo dejaran ser su maestro,

y así tener con ustedes esos benditos momentos
de la tarea, de matemáticas y
de sus cuentos

Ese hombre es su padre, mis queridas hijas
ese hombre, que las ama y que las cuida,
ese hombre soy yo, que con el corazón
en la mano,
estos versos hoy a ustedes,
con todo su amor les dedica.

"Mi orgullo y razón de vivir."

YO SIN TI, tú sin mí,
a donde iría el agua,
si no existiera el cauce

¡Mujer mía! ¡Mujer mía!
¡Hombre tuyo soy, hombre tuyo soy!
Una mujer y un hombre

Todo un Mundo y todo un más allá
de eternidades, tuyo
como el aliento de tu vida,
mía como mis huesos y mi sangre

Entre los dos podemos engendrar
universos inmortales, juntos
somos eternos.

Memorias de un poeta   **Wenceslao García Zapatero**

Luz y soledad

Vivo entre reuniones y bohemias,
y así quisiera siempre yo seguir
tengo miedo cuando se acaban;
y tengo que regresar a casa
donde no quiero llegar

Tengo miedo de enfrentarme
a ese fantasma que me llama
y me reclama; es mi propia soledad;
soledad de ti, soledad de mí, soledad

Soledad de los que juegan
con los años, y así van
pasando de mano en mano
y no forman un hogar

Soledad de mí, soledad de ti,
soledad del que se llena de bohemia,
y se olvida de lo lindo,
que se siente ver a una hija
llamarte "papa"

Soledad del que no sabe
lo lindo que es un beso,
que te da una hija al despertar

Las amo hijitas,
son luz en mi soledad,
y quiero que sepan que
las amaré por toda la eternidad.

Roxy y Bexy.

Yo te seguiré escribiendo

He dicho mucho escribiendo
con sentimiento sincero,
te confieso que me negué
a seguirlo haciendo

Pero no puedo,
no puedo, si no escribo
me muero y me muero si escribo;
porque puedo encarcelar la razón
pero no a este poético corazón

¿Qué debo hacer?,
matar al amor que me ata,
o perdonarle la vida a cada momento,
¿Es mía la culpa de sentir lo que siento?

¿Es problema de otros el cariño
que se metió sin permiso en mi pecho?,
no quiero decir nada de más,
y ser malinterpretado, menos

Memorias de un poeta   *Wenceslao García Zapatero*

¿Será así de fácil arrancarse
el corazón y seguir viviendo?,
prefiero ser rechazado
si no podemos seguirnos viendo,
no quiero perder tu aprecio
ni que dejemos de vernos

Queda bien claro mi cielo
que de perderte tengo miedo,
siempre será lo que tú digas,
¿Pero dime, a que precio?

Todo queda en tus manos,
rechazado o correspondido,
suceda lo que suceda
solo lo sabe el destino

¿Por qué nos pasa esto?
Porque cuando todo va bien,
esta caída que puede destruir
lo que con tanto
esmero hemos construido

Por último te digo,
podemos nunca más
hablar de esto,
hacer como si nada paso,
y mejores amigos seguir siendo

También puedes enojada
decirme de frente;
que no siga, que miento,
que he interpretado mal todo,
y que debo enterrar
lo que siento

Pero sea, lo que sea
yo mujer amada, yo
seguiré escribiendo.

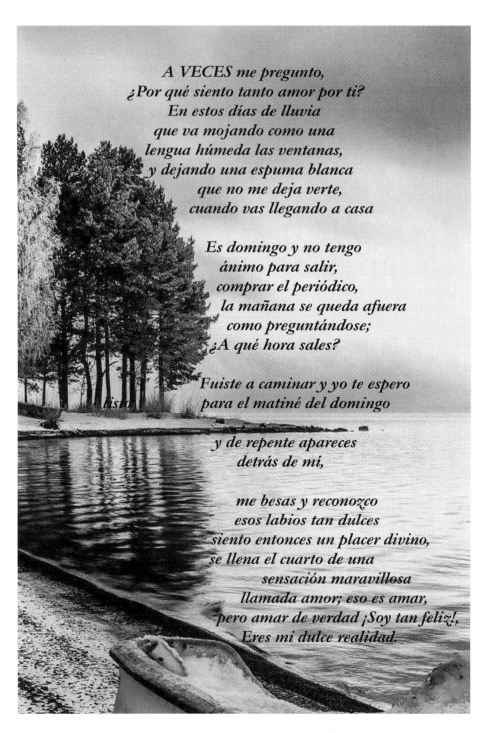

A VECES me pregunto,
¿Por qué siento tanto amor por ti?
En estos días de lluvia
que va mojando como una
lengua húmeda las ventanas,
y dejando una espuma blanca
que no me deja verte,
cuando vas llegando a casa

Es domingo y no tengo
ánimo para salir,
comprar el periódico,
la mañana se queda afuera
como preguntándose;
¿A qué hora sales?

Fuiste a caminar y yo te espero
para el matiné del domingo

y de repente apareces
detrás de mí,

me besas y reconozco
esos labios tan dulces
siento entonces un placer divino,
se llena el cuarto de una
sensación maravillosa
llamada amor; eso es amar,
pero amar de verdad ¡Soy tan feliz!,
Eres mi dulce realidad.

Memorias de un poeta *Wenceslao García Zapatero*

Estar Enamorado

Estar enamorado,
es encontrar el nombre
justo de la vida

Es dar al fin, con la palabra,
que para hacer frente
a la muerte se precisa

Es recobrar la llave oculta,
que abre la cárcel que en el alma
está cautiva

Estar enamorado,
es descubrir donde
se juntan cuerpo y alma
es confundir el sentimiento
con una hoguera,
que del pecho se levanta

Estar enamorado es;
ignorar en que consiste,
la diferencia entre
el cielo y la tierra.

"Juntos somos un universo eterno"

Gran declamador

*(Un poema de Reina Reyes-Escritora
dedicado al poeta y escritor Wenceslao García Zapatero)*

Justo es, por tu vida,
dar las gracias al creador,
por tenerte entre nosotros
con tus poesías y versos,
nuestro ¡gran declamador!

Tierra peruana te vio nacer,
Machu Picchu, tus tiernos ojos beso,
y el cóndor peruano,
cuando lloraste,
para arrullarte desde
los Andes, dulcemente canto

Corazón de poeta,
Dios
en tu pecho albergó,
y eres amante del poema
que brota alegremente en tu voz

Por las noches; el viento te espera,
para enamorar a la luna,
y te busca para con tus versos
hacerle a su amada una cuna

En tu pluma nace un verso
al llegar el atardecer,
y a tus prosas les da
vida, cada nuevo amanecer

Poeta, te regalo estos versos,
te regalo mi poesía,
y pido a la vida,
que con ella tu alma,
siempre, llenes de alegría.

Sobre el autor

Inició su trayectoria en el mundo de la poesía a los 10 años.
Su madre acostumbraba a tocar el piano para acompañar a su pequeño hijo en sus declamaciones.
En reuniones familiares y con amigos en su Lima querida, su amada madre disfrutaba pedirle a su hijo Wenceslao, que declamara alguno de sus poemas favoritos, gracias a ella, el poeta desde su infancia fue desarrollando no solo la habilidad de la declamación, sino también el deseo de la escritura.

El poeta y escritor peruano Wenceslao García Zapatero ha recorrido con sus declamaciones diversos escenarios nacionales e internacionales.

"Esperanza, el porqué de mi vida"; fue su primer libro de poesía y fue publicado en el 2018.

Junto a la escritora Reina Reyes; fundo Poetas, Escritores y Artistas Latinos Unidos -PELU, organización que reúne a poetas y escritores de diversos países.

Los poemas de sus libros y los clásicos de la poesía en español, declamados en voz del poeta; Wenceslao García Zapatero, se pueden disfrutar en:

https://podcasters.spotify.com/pod/show/wenceslao-garca-zap/episodes

https://youtube.com/@Memoriasdeunpoeta

Made in the USA
Columbia, SC
16 June 2023

e2be7f32-e59a-475e-b8a7-5a3e1257c8c1R01